AKADEMIE DER WISSENSCHAFTEN DER DDR
ZENTRALINSTITUT
FÜR ALTE GESCHICHTE UND ARCHÄOLOGIE

BIBLIOTHECA
SCRIPTORVM GRAECORVM ET ROMANORVM
TEVBNERIANA

BSB B.G.TEUBNER VERLAGSGESELLSCHAFT
1979

PAMPREPII PANOPOLITANI CARMINA

(P. Gr. Vindob. 29788 A-C)

EDIDIT

HENRICVS LIVREA

BSB B. G. TEUBNER VERLAGSGESELLSCHAFT
1979

BIBLIOTHECAE TEVBNERIANAE
HVIVS TEMPORIS
REDACTOR; GÜNTHER CHRISTIAN HANSEN

1. Auflage
VLN 294 · 375/8/79 · LSV 0886
Lektor: Manfred Strümpfel
Printed in the German Democratic Republic
Gesamtherstellung: Graphischer Großbetrieb INTERDRUCK
Leipzig — III/18/97
Bestell-Nr. 665 903 8
DDR 27,– M

PRAEFATIO

Papyrus Graeca Vindobonensis 29788 A–C codex est saeculo VI ineunte conscriptus, ex quo postremus binio fere integer (B–C) nec non fragmentum antecedentis fasciculi (A) supersunt, mirifice a viro docto H. Ibscher a. 1928 restaurati ac vitro inclusi in Academia Albertina (Österreichische Nationalbibliothek, Papyrussammlung) Vindobonae adservati. librarius, quem neque indoctum neque inconditum plane virum iudicabis, litteris quas dicunt quadratis usus obsoleto quodam colore totum librum ita artificiose fucavit, ut similis ductus exempla eiusdem aetatis difficillimum proferre compertum habeas; ad annos attamen fere 500–525 spectant et paginae (25 × 16 cm) et scriptae columnae amplitudo (21,4 × 11 cm). numeri versuum in unaquaque pagina densissime coacervati variant (44–46); cum apostrophi ad elisionem indicandam et puncta litteris *ι* et *υ* superposita quae tremata audiuntur constanter sint conlocata, desunt contra in universum et spiritus et accentus et interpunctionis cetera signa. maxima cum diligentia scriba munus suum explevit, compendiis interdum usus (3, 25 *ομβρω̅*, 148 *μολπη̅*; Ep. 2, 1 *μ*$^{\tau}$ = *μετά*, 2, 2 *θ̅ω̅* = *θεῷ*, 2, 3 $\bar{\varphi}$ = *φασίν*), perraro correctionibus (3, 86 *φ[θ]εγγεϊ*, 94 *νυμφα*$\overset{\eta}{\iota}$), glossis vero nusquam; eadem manus post versus 2, 16; 3, 6; 3, 198; 4, 57; Ep. 1; Ep. 2 paragraphos et ornamenta carminum exitus indicantia adpinxit. iota mutum semper omittitur. de rebus orthographicis haec digna sunt quae notentur: 1 v 5 *καλειασ*, 8 *σπ*$\overset{\eta}{\upsilon}$*λϊγγα*, 3, 12 *οτεπνειουσιν* (~ *ὅτ᾽ ἐ⟨μ⟩πνείουσιν*), 20 *χλοουσι* (~ *χλο⟨ά⟩ουσι*), 42 *πραιστηρα*, 46 *δεχνηεντα* (~ *δὲ ⟨λα⟩χνήεντα*), 70 *χιωνεησ* (~ *χιονέης*),]*δατωδεω* (~ *ὑ*]*δατώδεα*), 84 *ημιπτο*, 90 *εσφιγοωντο*, 134 *ηνιαχευεν* (~ *ἡνιόχευεν*), 142 *ηπαντιοων*, 151 *εριζει* (~ *-οι*), 153 *εφ* (~ *ἐπ᾽*), 156 *πολυλλιδε*, 160 *λαθεναρα* (*δ᾽* omissum), 162 *εσφηκωντοκαλυψομ* (~ *ἐσφήκωτο καλυψαμ-*), 169 *χειτωνοσ*, 174 *βλεφεων*, 176 *ηλκε*, *γλακοεντα*, 178 *κροκεοντεσ*, 180 *αδμοι*, 188 *αλληλοισιν* (~ *-ησιν*), 195 *κουρηνη*, 4, 20 *νεικωσι*, 21 *αιγλησισ* (alt. *ι* e *σ* corr.), 23 *φυλασσων* (~ *φυλάσσω*), 29 *ηειθεν* (~ *ἤειδον*), 35 *καιενα* (~ *Καινέα*), 40 *μι-*

κτιαδ[.]ν, 42 *π[.]ντα* (∼ *πάντας*), 43 *-νησ* (∼ *-νες*), 44 *δεξοιμι* (∼ *δείξοιμι*), 45 *αλαιον* (∼ *Ἀζειόν*), 47 *αζαιοσδι*, 57 *γαιησ* (∼ *γαίῃ*).

Continentur binione restituto haec: exitus (pag. 1) valde mutilus carminis epici (fr. 2), cui paragraphus laevo margine adposita adsequitur; prologus deinde sine ullo titulo trimetris iambicis sex conscriptus, cui paragrapho interposita succedit epyllium de horis et operibus (fr. 3), totas binionis paginas ducentis fere versibus usque ad quintam explens, quae ornamento infra adposito concluditur. titulum valde obscurum in summa pagina sexta adpictum excipit spatio unius lineae intermisso encomium patricii illius Theagenis Atheniensis (fr. 4), quod 57 post versus scriba suo ut videtur Marte interrumpit, seu quod exemplar adhibitum plura non proferret, seu quod spatii ratione habita totum encomium binio postremus iam non caperet. ad paginam septimam explendam ipse librarius epistulas LXXX et XC Gregorii Nazianzeni paragraphis adpictis consarcinavit, octavam plane vacuam reliquit. fragmento denique prioris fasciculi (fr. 1) carminis epici historici reliquiae miserrime detruncatae continentur.

Editionum vices paucis tantum verbis absolvere placet. papyrum primum edidit a. 1928 H. Gerstinger, qui quamquam in rebus metricis Nonnianis parum versatus poetarumque qui Alexandrini audiuntur artis dictionisque imperitus munere tamen suo perdifficili haud inhoneste neque indocte perfunctus est. ei enim utcumque res sese habent merito adscribendum, Pamprepium illum philosophum Neoplatonicae sectae Zenoniana aetate florentem carminum omnium auctorem indicasse, qui clandestina consilia struendi callidus artifex permultis turbidisque rei publicae Byzantinae tempestatibus interfuit et a. 484 flagrante Illi seditione est interfectus.[1]) huic viri docti Vindobonensis adtributioni[2]) in universum adsentimur novis quibusdam argumentis

1) De Pamprepii vita optime egerunt R. Asmus, Byzantinische Zeitschrift 22, 1913, 320–347; H. Grégoire, Bulletin de l'Association G. Budé 24, 1929, 22–38, nec non C. Zintzen in commentario ad Damascii Diadochi vitae Isidori reliquias, Hildesheim 1967, passim. horoscopum Pamprepii respiciunt A. Delatte et P. Stroobant, Bulletin de l'Académie Belgique 9, 1923, 58–76, et breviter O. Neugebauer et H. H. van Hoesen, Greek Horoscopes, Mem. of the Amer. Philosophical Soc. 48, Philadelphia 1959, 140–141 (= L 440).

2) Sententiam Gerstingerianam in dubium revocaverunt P. Maas, Gnomon 5, 1929, 251 et P. Graindor, Byzantion 4, 1929, 469–475. fragmenta codicis Vindobonensis Christodoro poetae assignat T. Viljamaa, Studies in Greek Encomiastic Poetry of the Early Byzantine Period, Helsinki 1968, 54sqq., quem probare non possumus.

nisi quae in ephemeride ZPE 25, 1977, 121–134 in lucem prodierunt, quamquam sodalis Edemburgensis R. McCail[1]) nuper nobis persuasit, fragmenti 1 carmen epicum Pamprepio abiudicandum et ad aetatem Anastasii imperatoris potius esse referendum. quae si longissime a vero non absunt, codicem delectum quendam serioris aetatis (saec. V–VI) carminum e Nonniana secta continuisse verisimile iudicabis. – sequitur a. 1941 viri docti D. Page editio, quae nullae novae papyri excussionis fundamento nisa in Anglica tamen versione adposita aliquantulam praebet utilitatem, textus locis difficilioribus tantum omissis. tertia et postrema est v. d. E. Heitsch editio a. 1961 pervulgata, quae in universum Gerstingerianum exprimit textum principem, remotis tantum erroribus nonnullis et novis coniecturis doctissimi magistri, R. dico Keydell, large effuseque adiectis: quantum vero iste in explendis emendandisve locis Nonnianae poeseos perobscuris summi ingenii acie et doctrinae praeclarae opibus valuerit valeatque, nemo est qui nesciat inter litterarum Graecarum serioris aetatis sospitatores perraros.

Ita cum res sese haberent, post novam papyri excussionem mense Novembri a. 1976 Vindobonae a me diligentissime confectam Pamprepii carmina arte critica perpolita iterum in lucem proferre visum est. edendi quamquam id mihi fuit consilium, ut ipsa doctissimi poetae verba in integrum fere redacta praeberem, tamen vereor ne in fragmentis perobscuris supplendis sint quibus prudentius videbimur egisse[2]);

1) In dissertatione perutili, quae JHS 98, 1978, 38–63 publici iuris est facta.

2) Pamprepium in carminibus pangendis severissimis legibus artis metricae Nonnianae se obstrinxisse scito, ne supplementa liberius proferas aures virorum doctorum offensura (quae in apparatu stellula notavimus, excidere debuerunt). hic ea tantum coacervare placet, quae e Nonniano exemplo pendere non videntur; ceterum capita illa viri docti R. Keydell 'De Nonni ratione metrica' (p. 35sqq.) grato cum animo secuti sumus, praetermissis tantum locis ubi Pamprepius totus in Nonni vestigiis insistit. – caesura masculina in fr. 4 mire frequentatur (35%); nec masculinam nec femininam habet 1 r 15 ex imitatione Homerica. femininam caesuram sequitur caesura post quartum longum bis, 3, 100 et 136. – 4, 28 monosyllabum verbum in exitu versus positum Homericam habet excusationem. – e verbis bisyllabis e duabus syllabis longis constantibus syllabae finales in tertio longo collocantur 1 r 27; 3, 13 (at praepositio antecedit); 4, 19. 25; in quarto 3, 148; e monosyllabis Nonno alienum est in quarto longo *ἄν* 3, 151. 152. – versus spondiaci non admittuntur; 2, 2 enim nomine proprio excusatur, 3, 43 *Εἰλιθυῖης*, non *Εἰλιθυίης* scribendum esse videtur. spondei continui 3, 83 caesura semiquinaria separantur. – e trisyllabis oxytonis Nonno alienis in exitu versus positis notavimus 1 v 1 *ἐφετμ]άς*, 3 *ἀνωγήν*; 1 v 5; 1 r 15. 19; 3, 117. 176; 4, 49. 56 aut nomina propria aut aliunde excusationem habent. ex

cum enim certa poetae voluntas, obstantibus et rerum difficultate et incredibili quadam Nonnianae sectae imagines effingendi facultate, plerisque locis attingi non posset, supplementa in textu dedimus et nonnulla in apparatu protulimus ubi singula tantum verba divinando sensus constare videretur Pamprepiique universa pervestigantibus Graecarum litterarum monumenta fontes et auctores praesto essent. papyrum cum iterum atque iterum nova imagine lucis ope expressa usus inspexissem novasque lectiones haud spernendas hic et illic invenissem, plenam codicis exscriptionem in usum virorum doctorum proferre placuit, ut et priores editiones corrigi possent et certiora supplementis futuris fundamenta iacerentur. infra versus e libro papyraceo recuperatos apparatus legitur palaeographicus ut dicunt artissime redactus; infra vero textum critica arte constitutum criticum ut solet invenies apparatum. commentarium perpetuum scribere noluimus, sed explicationes quam brevissimas res ipsae flagitabant nec nos sine insolentia lectori eripere potuimus. subsidiis ideo interpretationis libellus concluditur, quibus poetae ipsius fontes, loci similes selecti, imitationes nonnullae, locorum difficiliorum explicationes artissime contractae continentur. testimonia de Pamprepii vita scriptisque praemittere voluimus, ne quid praetermitteretur ad imaginem tanti viri vindicandam tot saeculis paene sepultam.

In indice denique verborum conficiendo strenue succurrit docta puella Ausilia Saija. restat ut gratias quam maximas viro docto R. Keydell agamus, qui novas nonnullas nostrum in usum protulit coniecturas nostrasque pro suo ingenio et doctrina per litteras investigavit, nec non R. McCail, qui plagulas dissertationis suae perutilis nondum publici iuris factae nobiscum communicavit.

Dabam Romae Kalendis Ianuariis MCMLXXVIII H. L.

---

verbis brevi syllaba terminatis reperiuntur in exitu versus bisyllaba paroxytona (3, 10 *κύ̣κνος*, 71 *κύκ*[*λος*, 118 *ταῦρος*, 4, 2 *ὄ*]*λ̣β̣ο̣ς*; Nonniana contra sunt 3, 181 *πάντα*, 4, 7 *ὄρνις*), oxytona (3, 121 *βωμόν*, 154 *δ̣ε̣ι̣νά*, 184 *δαλός*), properispomena (3, 195 *Φοῖβος*, 4, 15 *πᾶσα*, 55 *Βοῦ̣γος*). – vocabulum proparoxytonum ante caesuram masculinam semel reperitur, 4, 5 *ἀκηράσιο̣*[*ν*]. – correptio Attica bis reperitur, 3, 127 et 129, qui versus ex antiquiore carmine petiti esse videntur. – elisionem non Nonnianam habes 3, 151 *τάχ'*. – oratio interpungitur post primum biceps (2), secundum longum (4), tertium longum (8), tertium trochaeum (37), quartum biceps (27), quartum longum antecedente caesura feminina (1). repugnat 3, 104 *πότνα* ($\overset{2}{-}\cup$).

CONSPECTVS LIBRORVM

Asmus, R., Pamprepios, ein byzantinischer Gelehrter und Staatsmann des 5. Jahrhunderts, Byzantinische Zeitschrift 22, 1913, 320–347

Bernardini-Marzolla, P., A proposito di Pamprepio di Panopoli, Maia 7, 1955, 125–127

Cameron, A., Wandering Poets: A Literary Movement in Byzantine Egypt, Historia 14, 1965, 470–509

Delatte, A., et Stroobant, P., L'Horoscope de Pamprépios, professeur et homme politique de Byzance, Bull. Acad. Belg. 9, 1923, 58–76

Gerstinger, H., Pamprepios von Panopolis. Eidyllion auf die Tageszeiten und Enkomion auf den Archon Theagenes von Athen nebst Bruchstücken anderer epischer Dichtungen und zwei Briefe des Gregorios von Nazianz im Pap. Gr. Vindob. 29788 A–C, Sitzungsberichte der Akademie der Wissenschaften in Wien, Philosophisch-historische Klasse 208, 1928

Graindor, P., Pamprépios (?) et Théagenès, Byzantion 4, 1929, 469–475

Grégoire, H., Au camp d'un Wallenstein byzantin: La vie et les vers de Pamprépios, aventurier païen, Bulletin de l'Association Guillaume Budé 24, 1929, 22–38

Heitsch, E., Die griechischen Dichterfragmente der römischen Kaiserzeit, I, Göttingen 1961^1, 1963^2 (nr. XXXV cum tabulis phototypicis E–K)

Horna, K., Nachlese zu Pamprepios, Anzeiger der Akademie der Wissenschaften in Wien, Philosophisch-historische Klasse 66, 1929, 257–263

Keydell, R., Censura editionis Gerstingerianae, Byzantinische Zeitschrift 29, 1929–1930, 290–293

–, Pamprepios (?), Bursians Jahresberichte 230, 1931, 122–123

–, Pamprepios (1), R. E. 18, 3 (1949), 409–415

–, Nonni Panopolitani Dionysiaca, Berolini 1959

Körte, A., Literarische Texte, Archiv für Papyrusforschung 10, 1932, 25–28, Nr. 709

Livrea, E., Due note a papiri tardoepici, Zeitschrift für Papyrologie und Epigraphik 17, 1975, 35–36

–, Pamprepio ed il P. Vindob. 29788 A–C, Zeitschrift für Papyrologie und Epigraphik 25, 1977, 121–134

–, Per una nuova edizione di Pamprepio di Panopoli (P. Vindob. 29788 A–C), Actes du XV Congrès International des Papyrologues, Bruxelles 1979, vol. III, 69–77

–, Nuovi contributi al testo di Pamprepio, Rivista di Filologia 106, 1978, 281–287

Maas, P., Censura editionis Gerstingerianae, Gnomon 5, 1929, 250–252

McCail, R., P. Gr. Vindob. 29788 C: Hexameter Encomium on an Un-named Emperor, Journal of Hellenic Studies 98, 1978, 38–63

Page, D. L., Select Papyri III: Literary Papyri, London–Cambridge Mass. 1962^2, Nr. 140, 560–587

Peek, W., Lexikon zu den Dionysiaka des Nonnos, Hildesheim–Berlin 1968–1975

CONSPECTVS LIBRORVM

Schissel, O., Censura editionis Gerstingerianae, Philologische Wochenschrift 49, 1929, 1073–1080
Viljamaa, T., Studies in Greek Encomiastic Poetry of the Early Byzantine Period, Helsinki 1968
West, M. L., Censura editionis Heitschianae, Göttingische Gelehrte Anzeigen 215, 1963, 164–172
Wifstrand, A., Von Kallimachos zu Nonnos, Lund 1933
–, Censura editionis Heitschianae, Gnomon 35, 1963, 465–468
Zintzen, C., Damascii Vitae Isidori reliquiae, Hildesheim 1967

CONSPECTVS SIGLORVM

Π	P. Gr. Vindob. 29788 A–C
Ar	von Arnim ap. Gerstinger
Be	Bernardini Marzolla
Ca	McCail
Ge	Gerstinger
Gd	Graindor
Gr	Grégoire
He	Heitsch
Ho	Horna
Ke^1	Keydell
Ke^2	Keydell ap. Heitsch
Ke^3	Keydell per litteras ad H. Livrea missas
Kö	Körte
Ma	Maas
Pa	Page
Ra	Radermacher ap. Gerstinger
Sc	Schissel
Vi	Viljamaa
We	West
Wi^1	Wifstrand
Wi^2	Wifstrand cens.
Wh	Wilhelm ap. Gerstinger

TESTIMONIA SELECTA DE PAMPREPII VITA ET SCRIPTIS

1 Malch. Byzant. fr. 20 Müller (FHG IV 131 = Suda IV 13, 28 – 14, 33 Adler)

Παμπρέπιος· οὗτος μέγα παρὰ Ζήνωνι ἐδυνήθη· γένος μὲν ὢν Θηβαῖος τῶν κατὰ τὴν Αἴγυπτον, φύσει δὲ πρὸς ἅπαντα δεξιᾷ χρησάμενος ἔρχεται εἰς Ἀθήνας, καὶ παρὰ τῆς πόλεως γραμματικὸς αἱρεθεὶς συχνά τε ἐπαίδευσεν ἔτη καὶ ἐπαιδεύθη ὁμοῦ, ὅσα ἦν σοφώτερα, ὑπὸ τῷ μεγάλῳ Πρόκλῳ. διαβολῆς δὲ αὐτῷ πρὸς Θεαγένην τινὰ τῶν ἐκεῖ γενομένων συστάσης, ὑβρισθεὶς ὑπ' ἐκείνου καὶ μείζονος ἢ ἐχρῆν διδάσκαλον ὑπ' αὐτοῦ πειραθεὶς σκευωρίας ἦλθεν ἐς Βυζάντιον, τὰ μὲν ἄλλα ἀγαθὸς καὶ χρηστὸς φαινόμενος, ὡς δὲ ἐν Χριστιανοὺς πάντας ἐχούσῃ πόλει τὸ Ἑλληνικὸν αὐτοῦ τῆς θρησκείας οὐκ ἔχον ὑπόκρισιν, ἀλλὰ μετὰ παρρησίας προδήλως δεικνύμενον εἰς τὴν τοῦ καὶ ἕτερα τῆς ἀρρήτου σοφίας εἰδέναι ὑπόνοιαν ἦγε. συσταθέντα δὲ αὐτὸν ὁ Ἴλλους μάγιστρος ἡδέως δέχεται, καί τι καὶ δημοσίᾳ ποίημα ἀναγνόντα λαμπρῶς τε ἐτίμησε καὶ σύνταξιν ἔδωκε, τὴν μὲν αὐτὸς ἰδίᾳ, τὴν δὲ ὡς διδασκάλῳ καὶ ἐκ τοῦ δημοσίου. καὶ ἀπελθόντος δὲ αὐτοῦ ἐπὶ τὴν Ἰσαυρίαν, οἱ βασκαίνοντες αὐτῷ συνθέντες διαβολὴν τήν τε ἐκ τῆς θρησκείας καὶ ὅτι μαγγανεύοι καὶ μαντεύοιτο τῷ Ἴλλου κατὰ τοῦ βασιλέως, πείθουσι τὸν Ζήνωνα καὶ τὴν Βηρίναν τότε μέγιστα δυναμένην τῆς πόλεως ἐκπέμψαι. καὶ ὁ μὲν ἐς Πέργαμον ἔρχεται τῆς Μυσίας· Ἴλλους δὲ πυθόμενος κατὰ τὴν αὐτοῦ πρόφασιν ἐληλάσθαι τὸν ἄνδρα, πέμψας ἀναλαμβάνει αὐτὸν ἐς Ἰσαυρίαν καὶ σύμβουλόν τε αὐτὸν καὶ σύνοικον ποιεῖται, καί, ἦν γὰρ πολιτικῆς συνέσεως ἔμπλεως, καὶ τὰ τῆς ἀρχῆς αὐτῷ πρὸς ἃ μὴ σχολὴν ἦγε διοικεῖν ἐπέτρεπεν, ἐλθών τε ἐς Βυζάντιον συμπαρέλαβεν αὐτόν. καὶ ὅτε ἐγένετο ἡ Μαρκιανοῦ σύστασις, ἀποροῦντα τὸν Ἴλλουν αὐτὸς ἐπεθάρσυνε, καὶ τοσοῦτόν γε εἰπών, ὅτι τὰ τῆς προνοίας μεθ' ἡμῶν ἐστι τεταγμένα, παρέσχεν ὑποψίαν τοῖς τότε ὑπακούσασιν ὡς ἔκ τινος ἀδήλου ταῦτα θειάζοι προγνώσεως. καὶ ἐκβάντος, ὥσπερ δὴ καὶ ἐξέβη, τοῦ τέλους, πρὸς τὴν τύχην τὸν λόγον ἐκείνου συμβάλλοντες, αὐτὸν πάντων αἴτιον, οἷα φιλεῖ ὅμιλος, μόνον ὑπελάμβανον τῶν παραδόξως αὐτοῖς ἀποβαίνειν δοκούντων. οὕτω μὲν οἱ σώφρονες περὶ αὐτοῦ εἴκαζον. εἰ δέ τι καὶ ἄλλο ἦν, οὔτε ἰσχυρῶς ἀνελεῖν οὔτε πείθεσθαι ἔχω· ἀλλ' ὁμοίως καὶ μέγα καὶ ἐλάχιστον αὐτῷ πρώτῳ ἀνεκοινοῦτο. καὶ τότε τοίνυν αὐτὸν λαβὼν ἐς Νίκαιαν ἧκε χειμάσων, εἴτε τὴν ἐκ τοῦ δήμου δυσχέρειαν ἐκκλίνων εἴτε ἐπὶ ταῖς σφαγαῖς τὸν ἔχοντα τὴν πόλιν ἐκτρέπεσθαι δαίμονα πρὸς ὀλίγον ἐθέλων.

2 Hesych. s. v. *Παμπρέπιος* (= Suda IV 13, 25–27 Adler)

Π α μ π ρ έ π ι ο ς, Πανοπολίτης, ἐπῶν ποιητής, ἀκμάσας κατὰ Ζήνωνα τὸν βασιλέα. ἔγραψεν Ἐτυμολογιῶν ἀπόδοσιν, Ἰσαυρικὰ καταλογάδην.

3 Rhetorii Horosc. Pamprepii (= Catal. Cod. Astrol. Graec. Paris. 8. 4, ed. F. Cumont, Bruxelles 1922, 221–224); vd. etiam D. Pingree, DOP 30, 1976, 144–146

ριγ'. Γένεσις γραμματικοῦ

Οὗτος γέγονε Θηβαῖος γραμματικὸς πένης ὡς ἐτῶν λβ'· ἀπὸ δὲ ἐτῶν λγ' γήμας ἤρξατο ἀνασφάλλειν ἐν Ἀθήναις, καὶ λοιπὸν φυγὼν ἐν Βυζαντίῳ ἐκολλήθη ἀνδρὶ μεγάλῳ, καὶ ὑποκριθεὶς ἑαυτὸν ὡς γόητα ἤτοι τελεστὴν γέγονε κουέστωρ, εἶτα ὕπατος, εἶτα πατρίκιος καὶ μετὰ ταῦτα ὡς προδότης ἐν κάστρῳ ἐσφάγη ἐτῶν μδ' ἔκτον. ἦν δὲ καὶ ἀσελγής. Ἥλιος Ζυγῷ ε' η', Σελήνη Ταύρῳ η' δ', Κρόνος Ταύρῳ κε', Ζεὺς Ζυγῷ κγ' η', Ἄρης Αἰγοκέρῳ κς' η', Ἀφροδίτη Σκορπίῳ κς', Ἑρμῆς Ζυγῷ κγ', ὡροσκόπος Ὑδροχόῳ κγ' λ', μεσουράνημα Τοξότῃ ε' ιγ', πανσέληνος Κριῷ β' μβ', Τύχη Παρθένῳ κς' λδ', Δαίμων Καρκίνῳ κ' λδ', ὕψωμα γενέσεως Παρθένῳ, κλῆρος ἀναιρέτου Ὑδροχόῳ.

Ζητήσας τὴν προκειμένην γένεσιν, εὗρον τὴν μὲν Σελήνην καὶ Κρόνον καὶ Ἀφροδίτην καὶ Ἄρη μοιρικῶς ἀποκεκλικότας, ζῳδιακῶς δὲ Σελήνην καὶ Κρόνον καὶ Ἀφροδίτην ὡς ἐπικέντρους. τὸν δὲ Ἥλιον καὶ Ἑρμῆν καὶ Δία ζῳδιακῶς ἀποκεκλικότας, μοιρικῶς δὲ ὁ Ἥλιος ἐν τῇ ἐπαναφορᾷ τοῦ δύνοντος κέντρου ἐτύγχανεν. ὁρῶ οὖν τὸν Κρόνον κύριον ὄντα τοῦ ὡροσκόπου καὶ πρῶτον τριγωνικὸν δεσπότην τοῦ τε ὡροσκόπου καὶ τοῦ τριγωνικοῦ φωτὸς τοῦ σημαίνοντος τὴν πρώτην ἡλικίαν ἐν τῷ ἀποκλίματι τοῦ ὑπογείου κέντρου καὶ ἀναιρέτην, καὶ ὑπὸ Ἄρεως βλαπτόμενον κατὰ τὸ ἰσοσκελῆ τρίγωνον, ἀλλὰ δὴ καὶ τὴν ⟨Ἀφροδίτην⟩ κυρίαν αὐτοῦ καὶ τῆς Σελήνης κατ' ἐναντίωσιν αὐτῆς κειμένην. πῶς οὐκ ἂν τὴν πρώτην ἡλικίαν χαλεπὴν ἐκτήσατο ἀλλὰ δὴ καὶ φυγὰς ἐν πολλοῖς τόποις ἐγένετο διὰ τὸ διαμετρεῖσθαι τὴν Σελήνην ὑπὸ τοῦ ἰδίου οἰκοδεσπότου· φησὶν γὰρ ⟨Δωρόθεος⟩·

τὴν Μήνην καθόρα τίνος ἀστέρος ἐστὶν ἐν οἴκῳ·
κἂν εὕρῃς τοῦτον φωλευόμενον διαμέτρῳ,
καὶ φυγὰς ἔσται δὴ κἄσημος καὶ μετανάστης.

Καὶ ταῦτα μὲν περὶ τῆς πρώτης ἡλικίας μέχρι ἐτῶν κε' ἢ λ', τουτέστι μέχρι τῆς ἀναφορᾶς τοῦ Ταύρου ἢ τῆς Σελήνης ἢ Κρόνου χρονικῆς περιόδου, μετὰ δὲ ταῦτα ἀνέτειλε ὁ δεύτερος τριγωνικὸς δεσπότης, τουτέστιν Ἑρμῆς, μετὰ Διός, ἀπὸ ἐτῶν λβ'· Ἑρμοῦ γὰρ περίοδος ἔτη κ' καὶ Διὸς ιβ', ἃ γίνεται ἔτη λβ', ἀφ' οὗ ἤρξατο ἀνανεύειν τῇ τύχῃ, ἐπειδὴ ὁ Ἑρμῆς καὶ [ὁ] κύριος τοῦ κλήρου τῆς τύχης ἐτύγχανεν. ὁ μὲν κατὰ μέρος προβαίνοντος χρόνου καὶ τῇ τύχῃ προέκοπτεν διὰ τὸ τὸν Ἑρμῆν εἶναι κύριον τοῦ κλήρου καὶ τῆς δευτέρας ἡλικίας καὶ ἐγκαρδίου Διὸς καὶ ἑσπερίαν ἀνατολὴν ποιούμενος· ὅθεν κατὰ πρόβασιν τῶν ἐτῶν προέκοπτε καὶ τὴν τύχην.

ριδ'. Περὶ τοῦ εἶναι αὐτὸν γραμματικόν

Ὅρα τὸν κλῆρον τῆς τύχης ἐν Ἑρμαϊκῷ ζῳδίῳ ἐμπεπτωκότα, ὁμοίως δὲ καὶ τὸν Ἑρμῆν τὸν κύριον τοῦ κλήρου ἐν ἀνθρωποειδεῖ ζῳδίῳ καὶ ἰδίῳ τριγώνῳ μετὰ Διὸς ἰσόμοιρον καὶ προσώπῳ Διὸς καὶ ὁρίοις Ἑρμοῦ καὶ Ἀφροδίτης, καὶ ταῦτα τὰ κεφάλαια κοσμεῖν τοιοῦδε τοὺς λόγους, μάλιστα διὰ τὸ τὸν Ἑρμῆν συνεῖναι τῷ Διὶ ἰσόμοιρον· γέγονε δὲ τῇ τύχῃ κουέστωρ.

ριε'. Περὶ τοῦ εἶναι αὐτὸν προδότην

Ὅρα τὸν Ἑρμῆν καθυπερτεροῦντα τὸν Ἄρη κατὰ τετράγωνον. φησὶ γάρ τις τῶν σοφῶν·

εἰ δὲ τόπον τετράκληρος ἐὼν τὸν ἀνώτερον ἴσχει
Ἑρμείας, βαιὸν δὲ τόπον ναίει φ⟨α⟩υλώτατος Ἄρης,
δεινῶς ἐξετέλεσσε πανούργους ἤτε μέλοντας

ἁρπαγὰς καὶ ἀλλοτρίων στερήσεις ποιεῖν·

εἰς ἕτερον δ' ἑτέρου μετανάστασιν ἀνέρος ἄνδρα

ἄλλοτ' εὕροιμεν καὶ τὰ λοιπόν· ἐνισκήψουσι προδόντες
σφῇ κακομηχανίῃ κτεάνων δ' ἀπογυμνώσουσιν.

ρις'. Περὶ τῆς ἀσελγείας

Ὅρα τὸν κύριον τοῦ ὡροσκόπου καὶ τὸν κλῆρον τῆς τύχης καὶ τοῦ δαίμονος ἐν ἀσελγεῖ ζῳδίῳ ἐμπεπτωκότας· ἀλλὰ δὴ καὶ τὸ διαμετρεῖν Κρόνον πρὸς Ἀφροδίτην οἴκῳ Ἄρεος καὶ Κρόνος οἴκῳ Ἀφροδίτης τὴν ἀσέλγειαν ἀπεργάσαντο.

ριζ'. Περὶ τῆς ἀνατολῆς τῆς τύχης αὐτοῦ

Ἀνέτειλεν αὐτοῦ ἡ τύχη ἀπὸ ἐτῶν λβ', καθὼς προεῖπον, διὰ τὴν περίοδον Ἑρμοῦ καὶ Διός, καὶ πάλιν ἀνέτειλεν ἡ τύχη τῷ λε' ἐνιαυτῷ διὰ τὴν ἀναφορὰν τοῦ Σκορπίου. τῷ δὲ λς' ἐνιαυτῷ ἔφυγε ἐν Βυζαντίῳ, καθὸ ἀνέτειλε ὁ Ταῦρος καὶ Σελήνη καὶ Κρόνος. Ταύρου ἀναφοραὶ κε', Σελήνης περίοδος κε', Κρόνου περίοδος νζ'· ὁμοῦ γίνονται χρόνοι ρζ'· τὸ τρίτον γίνεται χρόνοι λε' μ'. καὶ ὁ μὲν Ταῦρος ὡς ἀπόκλιμα τὴν ξενιτείαν ἐσήμανεν, ὁ δὲ Κρόνος καὶ ἡ Σελήνη ὡς ἐν ἀποκλίματι τὴν φυγήν· ἀπὸ δὲ ἐτῶν λη'γ' ἀνέλαμψε αὐτοῦ ἡ τύχη. ἦν γὰρ ἀνατολὴ Παρθένου καὶ Ζυγοῦ, Παρθένου μὲν ὡς ὑποδεξαμένης τὸν κλῆρον τῆς τύχης, Ζυγοῦ δὲ ὡς ὑποδεξαμένου Ἥλιον καὶ Δία καὶ Ἑρμῆν τὸν κύριον τοῦ κλήρου τῆς τύχης· κατὰ τοῦτον τὸν χρόνον γέγονε κονέστωρ, ὕπατος, πατρίκιος. τῷ δὲ μδ' ἐνιαυτῷ ἀπεδήμησεν εἰς τὴν ἰδίαν αὐτοῦ χώραν μετὰ πολλῆς δορυφορίας καὶ πολλοῦ τύφου· ἦν γὰρ ἀνατείλας ὁ Ζεὺς καὶ Ἑρμῆς. περίοδος Ἑρμοῦ ἔτη ος' καὶ περίοδος Διὸς ιβ'· ὁμοῦ γίνονται χρόνοι πη'· τὸ ἥμισυ μδ'. καὶ ἐπειδὴ ἐν ἰδίοις τριγώνοις ἐτύγχανον, εἰς τὴν ἰδίαν τὴν ἀποδημίαν ἐποίησεν. ἦν δὲ καὶ ἡ ἑβδομαία 〈τῆς Σελήνης〉 πρὸς Ἀφροδίτην φερομένης· ὁ γενόμενος λοιπὸν ἐτῶν μδ' καὶ μηνῶν δύο ἐσφάγη διὰ τὰς αἰτίας ταύτας.

4 Damascii Vita Isidori ed. Zintzen, Hildesheim 1967

fr. 178 (p. 151, 3 – 153, 8) ὅτι ὁ Ἴλλους φιλόλογος ὢν ὑπὸ παρουσίαν ἀνδρῶν λογίων διεξοδικὸν περὶ ψυχῆς ἐβούλετο ἀκοῦσαι λόγον. πολλῶν δὲ τῶν παρατυχόντων πρὸς πεῦσιν αὐτοῦ ποικίλα φιλοσοφησάντων, ἐπεὶ ἐξ ἀσυμφωνίας ὁ λόγος ἀσύστατος ὤφθη, Μάρσος ἔφη δύνασθαι Παμπρέπιον τὸ προβληθὲν ἀδιαπτώτως ἐπιλύειν. ἦν δὲ οὗτος μέλας τὴν χροιάν, εἰδεχθὴς τὰς ὄψεις, γραμματιστὴς τὴν ἐπιστήμην, ἐκ Πανὸς ὁρμώμενος τῆς ἐν Αἰγύπτῳ, πολὺν χρόνον κατ' ἐπιγαμίαν διατρίψας ἐν Ἑλλάδι. ἀχθεὶς οὖν παρὰ Μάρσου πρὸς Ἴλλουν καὶ διελθὼν λόγον περὶ ψυχῆς ἐκ χρόνου κομψῶς πεφροντισμένον, ἐπεὶ ὁ οὐκ εἰδὼς τοῦ εἰδότος ἐν οὐκ εἰδόσι, ὡς εἶπε Πλάτων (Gorg. 459 d 6), πιθανώτερος ὑπάρχει, φενακισθεὶς Ἴλλους μεμεριμνημένῃ στωμυλίᾳ, λογιώτερον αὐτὸν πάντων ἔκρινε τῶν παιδευτῶν τοῦ Βυζαντίου. διὸ καὶ πολλὴν δοὺς αὐτῷ ἐκ δημοσίων παραμυθίαν, τοὺς φοιτῶντας ἐς μουσεῖα κατ᾽ ἐκλογὴν ἐκέλευσε παιδεύειν. ἡ μὲν οὖν εὐδαιμονία τούτου τοιαύτην ἀφορμὴν λαβοῦσα πολλῶν αἰτία ἀτυχημάτων γέγονε τῇ πολιτείᾳ.

fr. 179 (p. 153, 9–11) ὁ δὲ νέος ὢν καὶ φιλόνεικος ἅτε προηγμένος ἀνελπίστως ἐκ τοῦ γραμματείου καὶ τῆς τοιαύτης διαθέσεως πολὺς ἐπέπνει.

fr. 287 (p. 233, 5–10) ἐν δὲ τούτῳ τῷ χρόνῳ ἕτερος ἀνὴρ ἀφίκετο εἰς Ἀλεξάνδρειαν, κατὰ διάμετρον ὅλην τοῦ Σαραπίωνος ἀφεστώς, μᾶλλον δὲ ἔτι καὶ τῆς διαμέτρου μειζόνως, εἰ οἷόν τε φάναι· ὁ μὲν γὰρ ἦν τὴν ζωὴν Κρόνιός τις καὶ Δίιος, ὁ δὲ Τυφώνειος καὶ Τυφῶνος ἔτι πολυπλοκώτερον θηρίον καὶ μᾶλλον ἐπιτεθυμμένον. οὔπω γάρ τις ἀγνοεῖ τῶν νῦν ζώντων ἀνθρώπων, οἷος ὁ Παμπρέπιος ἐγεγόνει τήν τε ψυχὴν καὶ τὴν τύχην.

fr. 288 (p. 233, 11–14) τῷ δὲ Παμπρεπίῳ μέγιστον ἤδη δυναμένῳ ἐντυχὼν (sc. ὁ Σαλούστιος), ἐπειδὴ ἐκεῖνος ὡραϊζόμενος ʽτί θεοὶ πρὸς ἀνθρώπους᾽, ἔφη· τίς δέ, ἔφη, οὐκ οἶδεν, ὡς οὔτ᾽ ἐγὼ πώποτε θεὸς ἐγενόμην οὔτε σὺ ἄνθρωπος;

fr. 289 (p. 233, 15 – 235, 6) ὁ δὲ φιλότιμος ὢν καὶ οὐδενὸς ἐθέλων φαίνεσθαι δεύτερος ἁμιλλώμενος ἦν πρὸς ἅπαντας, πλὴν μόνου Πρόκλου, καὶ τῶν ἄλλων φιλοσόφων. τοῦ δὲ οὐχ οἷός τε ἦν οὐδὲ ἅπτεσθαι τῆς σοφίας. περὶ δ᾽ οὖν τὴν ἄλλην προπαιδείαν οὕτω διεπονεῖτο καὶ ἐς τοσοῦτον διεγυμνάζετο ὁ Παμπρέπιος, ὥστε ἐν ὀλίγῳ χρόνῳ λογιμώτατος εἶναι ἔδοξε καὶ πολυμαθέστατος τῶν αὐτόθι παιδείας μετειληχότων, ʽΙερίου τε τοῦ Πλουτάρχου, ἀνδρὸς Ἀθηναίου, καὶ Ἀλεξανδρέως Ἑρμείου τοῦ ῥήτορος, ὧν τὸ κλέος ὑπερβαλεῖν ἐσπουδάκει τῆς πολυμαθίας.

fr. 290–291 (p. 235, 7–20) ἦν δὲ ὁ Παμπρέπιος Αἰγύπτιος. ποιητικὸς δὲ ὢν καὶ πρὸς ποίησιν εὐφυὴς ἀφίκετο καὶ Ἀθήναζε, κατὰ τὴν ποιητικὴν ἐπιτήδευσιν τὰ ἀναγκαῖα τῷ βίῳ προσποριούμενος.

291 Suda II 227, 7 μεταπεμψάμενοι

οἱ δὲ Ἀθηναῖοι ἐκ περιουσίας καὶ Παμπρέπιον γραμματικὸν αὐτὸν ἐποιήσαντο καὶ ἐπὶ νέοις διδάσκαλον ἔστησαν. τέως μὲν τοίνυν ἐτιμᾶτο πρὸς τῶν Ἀθηναίων, οἷα διδάσκαλος οὐκ ἀγεννής· μετὰ δὲ ταῦτα ἀρχὴ ἑτέρων πραγμάτων αὐτὸν διαδέχεται μεγίστων τε καὶ κακίστων, ἵνα μάθωμεν τὰς τῆς τύχης μεταβολὰς ἐλεγχούσας *ἑκάστοτε τῶν ψυχῶν τὰς παντοίας προαιρέσεις οὐδὲ μιᾶς ἧττον μέθης συμποτικῆς.*

fr. 292 (p. 237, 1–4) *διὸ καὶ πρώτῳ τῶν ἄλλων ἐπέθεντο δι᾽ ἐπιβουλῆς, ἵνα σφίσι τὸ λεγόμενον κατ᾽ ἄκρας ἡ ⟨καθ⟩αίρεσις γένηται τῶν θεοφιλῶν καὶ ἀρχαιονόμων ἠθῶν τε καὶ ἐπιτηδευμάτων.*

fr. 293 (p. 237, 5–6) *ἐνίας τῶν κατηγοριῶν εἴωθεν ἀπίστους ποιεῖν ὁ τῶν ἐπικαλουμένων βίος.*

fr. 294 (p. 237, 7–8) *οἱ δὲ πλεῖστοι ὠρθοῦντο πρὸς τὰ ἀρχαῖα ταῖς ἐλπίσιν.*

fr. 295 (p. 237, 9–11) *ὄργανον ὁ Παμπρέπιος ἐπιτήδειον τῆς πρὸς τὸ κάλλιον ἀντιπνεούσης ἀνάγκης ἦν.*

fr. 296 (p. 237, 12–13) *'κατὰ τὸν ἱκνούμενον χρόνον' ἀντὶ τοῦ 'κατὰ τὸν ἐπιόντα'.*

fr. 297 (p. 239, 1–2) *τοῦτον ὡς ποινήλατον ὁ φιλόσοφος ἐξετρέπετο.*

fr. 298 (p. 239, 3–5) *ὡς δὲ ᾔσθετο σαφῶς ἀποσειόμενον καὶ μόνον ἀφοσιούμενος τὸν Ἰσίδωρον, ᾤχετο ἀπιών, καὶ οὐκέτι προσῄει.*

fr. 299 (p. 239, 6–7) *ὁ δὲ πρός τινας τῶν γνωρίμων ὑπούλως τε καὶ οὐχ ὑγιῶς ἔσχεν.*

fr. 300 (p. 239, 8–9) *ὁ δὲ Παμπρέπιος τούτοις ἀμφίβολος ὀφθείς, βραχὺ παρεωρᾶτο.*

fr. 301 (p. 239, 10–11) *εἰς ὕψος καὶ μῆκος οἷον θαυμάσιον.*

§ 109 (p. 150, 1–3) *ὅτι καὶ Ἴλλουν οὗτος καὶ Λεόντιον ὃν ἐκεῖνος ἀντιχειροτονεῖ Ζήνωνι βασιλέα, τὰ αὐτὰ καὶ φρονεῖν καὶ βούλεσθαι πρὸς ἀσέβειαν, Παμπρεπίου πρὸς ταύτην αὐτοὺς ἑλκύσαντος, διατείνεται.*

§ 110 (p. 150, 4–6) *(ὅτι Παμπρεπίου τὸ τερατολόγον καὶ ἀπιστότατον φίλοις, καὶ τὸν βίαιον θάνατον, ὁμοίως τοῖς ἄλλοις καὶ αὐτὸς ἱστορεῖ·) ἦν δὲ Αἰγύπτιος γένος, τέχνην γραμματικὸς ὁ Παμπρέπιος.*

§ 111 (p. 152, 1–2) *οὐκ εἰμὶ πρόθυμος πρᾶγμα λέγειν καὶ ἄδηλον εἰς ἀλήθειαν καὶ πρόχειρον εἰς φιλαπεχθημοσύνην.*

§ 168 (p. 234, 1–8) *ὁ Παμπρέπιος ἐν ὀλίγῳ χρόνῳ λογιμώτατος εἶναι ἔδοξε καὶ πολυμαθέστατος· οὕτω διεπονεῖτο περὶ τὴν ἄλλην προπαιδείαν, ὅσην ποιητική τε καὶ γραμματικὴ σοφίζει παιδεύουσα. Αἰγύπτιος δ᾽ ἦν, καὶ τὴν ποιητικὴν ἐν τῇ πατρίδι ἀσκήσας εἶτα Ἀθήναζε παρεγένετο. οἱ δὲ Ἀθηναῖοι γραμματικὸν αὐτὸν ἐποιήσαντο καὶ ἐπὶ νέοις διδάσκαλον ἔστησαν.*

§ 169 (p. 236, 1–4) *δειλὸς δὲ ὢν ὁ Ζήνων φύσει καὶ τὸν Ἴλλουν ὁρῶν ἐν δίκῃ ἀγαπώμενον καὶ μέγα ἤδη δυνάμενον εὐλαβεῖτο περὶ αὐτῷ, καὶ δι' ἀπιστίαν οὐχ οἷός τε ἦν ἠρεμεῖν, ἀλλὰ πάσας ὁδοὺς διεξῄει καὶ πάσας ἔπλεκε μηχανὰς ὅπως ἂν ἐκποδὼν ποιήσοιτο τὸν Ἴλλουν ὁ Ζήνων.*

§ 170 (p. 236, 5–6) *ὁ δὲ τῶν κρατούντων τῆς πολιτείας ἡγεμὼν τὴν δόξαν ἐπισκοπεῖν εἰληχώς, ὄνομα Πέτρος, ἀνὴρ ἰταμὸς ὢν καὶ περιπόνηρος.*

§ 171 (p. 236, 7–8) *ἀλλ' ἴσως καὶ ἐνταῦθα ἐκράτουν οἱ Παμπρεπίου χρησμοὶ βλακεύοντες ἀεὶ καὶ ἀναβάλλοντες εἰς χρόνους τὸν πόλεμον.*

§ 172–173 (p. 238, 1–4) *ὁ δὲ Παμπρέπιος κατὰ τὴν Αἴγυπτον παραγεγονὼς Ἰσιδώρῳ παρέσχεν ἐκ τῶν λόγων αἴσθησιν ὡς οὐχ ὑγιαίνοι πρὸς Ἴλλουν. ἀλλ' ἤδη προδωσείοντι ἔοικε, καὶ μέντοι καὶ περιορωμένῳ τὴν Ῥωμαίων βασιλείαν.*

5 Malal. ap. Const. Porphyrog. Exc. de insidiis ed. De Boor, Berolini 1905

p. 165, 15–19 *Καὶ εἰσῆλθεν ἐν Ἀντιοχείᾳ ὁ Ἰλλοῦς ἔχων μεθ' ἑαυτοῦ πλῆθος στρατοῦ καὶ Λεόντιον καὶ Παμπρέπιον πατρίκιον καὶ τὸν ἀπὸ ὑπάτων Μάρσον καὶ ἀπὸ ὑπάτων Ἰουστινιανὸν καὶ ἀπὸ ἐπάρχων Αἰλιανὸν καὶ τὸν ἀπὸ ἰλλουστρίων Ματρωνιανὸν καὶ Κουττούλην τὸν ἀπ' ἐπάρχων καὶ κόμητας πολλούς.*

p. 166, 7–20 *ἐξελθὼν δὲ ἀπὸ Ταρσοῦ πόλεως ἐλθὼν εἰσῆλθεν ὁ Λεόντιος ὁ ἀντάρτης μόνος διὰ Ἰλλοῦ ἐν Ἀντιοχείᾳ, καὶ ἐβασίλευσεν ἐν Ἀντιοχείᾳ τῇ μεγάλῃ ἀντάρτης ὢν καὶ προεβάλετο ἔπαρχον πραιτωρίων Αἰλιανὸν καὶ μάγιστρον Παμπρέπιον καὶ κόμητα λαργιτιώνων Ἰουστινιανόν. καὶ ἐκεῖθεν ἐξῆλθε πολεμῶν ἐν Χαλκίδι πόλει τῆς Συρίας, διότι οὐκ ἐδέξαντο τὰ λαυράτα αὐτοῦ μῆνα ἕνα ἥμισυ. καὶ γνοὺς Ζήνων ὁ βασιλεὺς ἔπεμψε βοήθειαν πολλὴν καὶ στρατηλάτην Ἰωάννην τὸν Σκύθην. καὶ ἤκουσεν Ἰλλοῦς εἰς τὴν Κιλικίαν διάγων καὶ ἔγραψε Λεοντίῳ ἐν Ἀντιοχείᾳ, καὶ ἐξελθὼν ἀπὸ Ἀντιοχείας ἔφυγον καὶ ἀνῆλθον ἀμφότεροι καὶ Παμπρέπιος καὶ Βηρίνα καὶ οἱ λοιποὶ εἰς τὸ Παπύριον καστέλλιν εἰς τὴν Ἰσαυρίαν. καὶ Βηρίνα μὲν ἰδίῳ θανάτῳ ἐτελεύτησε, Παμπρέπιος δὲ ὑπονοηθεὶς ὡς προδότης ἐσφάγη ἄνω, καὶ ἐρρίφη τὸ λείψανον αὐτοῦ εἰς τὰ ὄρη.*

6 Cand. Isaur. fr. 1 Müller (FHG IV 137) = Phot. Bibl. 56 a 29–32

Καὶ ὡς Ζήνων Βηρῖναν διὰ τοῦτο ἐκδίδωσιν, ὁ δ' αὐτὴν εἰς φρούριον Κιλικίας ὑπερορίσας ἠσφαλίσατο· ὡς Παμπρεπίῳ τῷ δυσσεβεῖ διὰ Μάρσου Ἴλλους φιλιωθείς, ἅπαντα κατὰ μικρὸν συνέχεε τὰ αὐτοῦ.

7 Eust. Epiph. fr. 4 Müller (FHG IV 140) = Euagr. Hist. Eccl. 3, 27

Ὁ αὐτὸς γράφει τὸν Ζήνωνα καὶ Βηρίνῃ τῇ πενθερᾷ μυρίας ἐπιβουλὰς ῥάψαι· μετὰ δὲ ταῦτα καὶ πρὸς τὴν Κιλίκων ἐκπέμψαι χώραν. ὕστερον δὲ μεταβῆναι ταύτην πρὸς τὸ Παπιρίου λεγόμενον φρούριον, Ἴλλου τυραννήσαντος, αὐτόθι τε τὸν βίον ἐκλιπεῖν. καὶ τὰ κατὰ Ἴλλουν δὲ γράφει μάλα λογίως ὁ Εὐστάθιος, ὅπως πρὸς τοῦ Ζήνωνος ἐπιβουληθεὶς διέφυγε, καὶ ὅπως ὁ Ζήνων τὸν ἀποσφάξαι τοῦτον προσαχθέντα ἐς θάνατον ἐκδέδωκε, μισθὸν τῆς ἀποτυχίας τὴν τῆς κεφαλῆς ἐκτομὴν αὐτῷ παρασχών· ὃν καὶ στρατηγὸν ὁ Ζήνων τῶν ἑῴων ἀποδείκνυσι δυνάμεων, τὸ λαθεῖν πραγματευόμενος. ὁ δέ, Λεόντιον προσεταιρισάμενος, Μάρσον τε σὺν, ἄνδρα δόκιμον, καὶ Παμπρέπιον, ἀνὰ τὰ τῆς ἑῴας γέγονε μέρη.

8 Iohann. Ant. fr. 211 Müller (FHG IV 619) = Const. Porphyrog. Exc. de insidiis p. 133, 27–30 De Boor

Ὡς δὲ τὸν Παμπρέπιον ἐπαγόμενος Ἰλλοῦς, ἄνδρα ἐκ τῆς Πανὸς ὡρμημένον πόλεως Αἰγύπτου, γραμματικὴν δὲ μετιόντα καὶ ἐκ πολλοῦ κατὰ τὴν Ἑλλήνων οἰκήσαντα, ἧκεν . . .

p. 134, 7–9 *Τῷ δὲ Παμπρεπίῳ τὸ λοιπὸν ἐν πάσῃ εὐροίᾳ τὰ πράγματα ἦν τιμηθέντι καὶ τῇ τοῦ κοιαίστορος ἀξίᾳ.*

p. 138, 1–8 *Βηρίνα δὲ μετ' ἐνάτην ἡμέραν τῆς ἐν φρουρίῳ καταφυγῆς παρεθεῖσα ἐτελεύτησε καὶ ἐν μολιβδίνῃ ἐταριχεύθη λάρνακι. ἀλλὰ μὴν καὶ Μάρσος μετὰ λ' ἡμέρας ἀποθανὼν τῇ ἴσῃ παρεδόθη ταφῇ. ὁ δὲ Ἰλλοῦς τὴν τοῦ φρουρίου φυλακὴν ἐπιτρέψας Ἰνδακῷ Κοττούνῃ τὸ λοιπὸν ἐσχόλαζεν ἀναγνώσει βιβλίων, καὶ ὁ Λεόντιος ἐν νηστείᾳ τε καὶ θρήνοις διετέλει. ἐμειονεκτεῖτο δὲ ἐκ τούτου τὰ περὶ τὸν Ἰλλοῦν· καὶ ὁ ἀντικάστελλος δὲ ὑπὸ τῶν ἔνδον Ῥωμαίοις προεδόθη, ὡς ἐν ἀπογνώσει τοὺς περὶ τὸν Ἰλλοῦν γενέσθαι.*

9 Theoph. Mytil. Chron. ed. De Boor, Lipsiae 1883

p. 128, 7–12 *Ὁ δὲ παραλαβὼν μεθ' ἑαυτοῦ τὸν πατρίκιον Λεόντιον, Σύρον τῷ γένει, ἄριστον δὲ κατὰ παιδείαν καὶ πολέμων ἐμπειρίαν ἡγούμενόν τε τῆς ἐν Θρᾴκῃ στρατιᾶς, καὶ σὺν αὐτῷ Μάρσον καὶ Παμπρέπιον τὸν συγκλητικόν, τὸν ἐπὶ μαγγανείᾳ διαβαλλόμενον, καὶ πλείστην ἁπλῶς περιβαλλόμενος δύναμιν, ἐν Ἀντιοχείᾳ ἐλθὼν τῆς Συρίας σαφῶς ἔδειξε τὴν τυραννίδα.*

TESTIMONIA

p. 130, 1–8 *Πολέμου δὲ συρραγέντος σφοδροῦ, Ἴλλος τε καὶ Λεόντιος ἡττηθέντες εἰς τὸ Παπυρίου καστέλλιν ἔφυγον σὺν Παμπρεπίῳ μαγίστρῳ, γόητι λεγομένῳ εἶναι. τότε καὶ Τροκοῦνδον, τὸν ἀδελφὸν Ἴλλου, ἐπὶ συλλογῆς βαρβάρων ἀπιόντα Ἰωάννης συλλαβὼν ἀπέτεμεν. τοῦτον δὲ Ἴλλος καὶ Λεόντιος ἐπὶ τέσσαρα ἔτη φρουρούμενοι ἀνέμενον ἀπατώμενοι ὑπὸ Παμπρεπίου μαγίστρου τοῦ γόητος. ὅθεν τὴν τούτου ἀναίρεσιν μαθόντες Παμπρέπιον ὡς ἀπατεῶνα ἀποτεμόντες τοῦ τείχους κατεκρήμνισαν.*

PAMPREPII CARMINVM FRAGMENTA

1 verso

. . .
]βασι[...].[.....]α̣σ
]ναδερκε̣οσε̣λ[.]ι̣διφημησ
]ρτενεδεκτοδεθεσπινανωγην
]νιχνευεινβασιληων
]ολεωνδ᾽ αλαπαξεκαλειασ
]τατημονοσιχνιαθηρησ
]ωνεγκυμονασανδρασελασσασ
]σανϋποσπ`η`υλϊγγαμελαθρων
]σεδιδα̣[..]ενοϊζυασο̣ιδεπεσοντεσ
]ινητειρ̣α̣ναναστεναχοντεσανα.κη̣ν
].ατρωω̣νκτεανωνρ̣ιψα[...]σ̣α.[
]γεγα[..].νελωριοναλλα[.].θεον[
]υ..[......]..[.....].[..].τρονελεγξασ
]ρεησινακουαισ
].απελυσαοδεσμων
]...σεργονανaπτων
]ρτεραμαλλοναεισω
]ηκαοπασιναρηγων
]ν̣εσωβασιληϊδοσαυλησ
]σισυνανδρασιναυσονιηω̣ν

1].[, vestigium litt. rotundae | α̣, caudae pars extrema || **10** ρ̣α̣, pars laeva foraminis litterae ρ et dextera litt. α | ., pars hastae diagonalis cum κ coniunctae | η̣, pars lâeva tantum || **11**]., pars media hastae horizontalis | .[, hasta verticalis || **12**]., pars summa hastae verticalis | ., pars infima hastae verticalis || **13**]..[, vestigia partium superiorum duarum litterarum |].[, vestigia valde evanida dispici nequeunt |]., pars inferior litt. σ vel ο || **15**]., hasta verticalis, fortasse altera litterae ν || **16**]..., infimae partes duarum hastarum verticalium, ρ̣ι̣ possis; vestigia sequuntur litt. valde evanidae || **20** ω̣, partes et dextera et laeva litt. rotundae

[1 verso]

. . .
]βασι[λῆο]ς [ἐφετμ]άς
]ν ἀδερκέος ἐλ[π]ίδι φήμης
]ρτεν, ἔδεκτο δὲ θέσπιν ἀνωγήν
ἀ]νιχνεύειν βασιλήων·
]ο· λέων δ' ἀλάπαξε καλιάς
]τάτῃ μόνος ἴχνια θήρης
]ων ἐγκύμονας ἄνδρας ἐλάσσας
ἔδυ]σαν ὑπὸ σπήλυγγα μελάθρων
]ς ἐδίδα[σκ]εν ὀιζύας· οἱ δὲ πεσόντες
πο]ινήτειραν ἀναστενάχοντες ἀνάγκην
]πατρῴων κτεάνων ῥίψα[ντε]ς ἀέ[λλαις
]γεγά[ασ]ιν ἑλώριον αλλα[.].θεον[
]υ..[......]..[.....].[..].τρον ἐλέγξας
στε]ρεῇσιν ἀκουαῖς
]. ἀπελύσαο δεσμῶν
]...ς ἔργον ἀνάπτων
ὑπέ]ρτερα μᾶλλον ἀείσω
]ηκαο πᾶσιν ἀρήγων
]ν ἔσω βασιληίδος αὐλῆς
]σι σὺν ἀνδράσιν Αὐσονιήων

a Pamprepio abiudicandum censet Ca, cui adsentimur || 1 βασι[λῆο]ς [ἐφετμ]άς Livrea || 2 ἐλ[π]ίδι Ge || 3 ἤμα]ρτεν, ἄμα]ρτεν, ἀφάμα]ρτεν Ca e. g. || 4 ἀ]νιχνεύειν Ma]ν ἰχνεύειν Ge* || 5 τετέλεστ]ο Ca e. g. | καλιάς Ge καλειασ *Π* || 6 τρι]τάτῃ Ma || 7 δόλ]ων vel καμάτ]ων Livrea (displicet ἀμπλακι]ῶν) ἀρετ]ῶν Ge]των He, perperam || 8 ἔδυ]σαν Livrea ἀχλυόεσ]σαν, εὐρώεσ]σαν, ὀμιχλήεσ]σαν Ca e. g. | σπήλυγγα Ge σπυ(η)λϊγγα *Π* || 9 καὶ χαλεπὰ]ς, μογερὰ]ς, πολλὰ]ς Livrea e. g. | σε δίδα[σκ]εν Ge || 10 εἵατο sive κείατο in. We τλῆσαν He* | πο]ινήτει[ρα]ν ... ἀνά[γ]κ[η]ν Ge || 11]α πατρώ[ιω]ν Ge | ῥίψα[ντες] Ke[2] | ἀέ[λλαις sive ἀή[ταις Livrea]αρ[Ge ἀρ[ωγήν Ca e. g. || 12 γ]ὰρ in. Ge, at apud *Π* nunc non legitur | γεγά[ασι]ν Ge || 13 υδρ.[.........]ρσ[...]οι... Ge | ἐλέγξας He ἔλεγξας Ge* || 16]ριος dub. Livrea τ]ρῖ[ον] ἐς Ge μεγασθεν]ὲς Vi e. g. ριες Ca || 17 ὑπέ]ρτερα Ge || 18 ἐυφροσύνας ἐπεθ]ήκαο Livrea ἐθ]ήκαο sive παρεθ]ήκαο Ca || 19]ν ἔσω disp. Ke[1] μέσῳ Ge || 20 Αὐσονιή[ω]ν Ke[1] Αὐσονίησ[ι]ν Ge*

]π̣ολλοιδετεπαιδεσαοιδων
].σηπτοντοτραπεζησ
]ερεσβιοσησθαπορειη
]χησπαντεσσιτιταινων
]υ̣κεσευχ[.]σαοιδαισ
].τι.[........]λθων
]οσ

1 recto

. . .

.]οιο[
.]οσσα[
...].[
α̣[.]γυ̣ρεη[
σοι̣γαρ[
αυτοκασ[
διογενη[
εσπυματ.νπιπ[.........]αιγυ̣[
πασιμενευνομι.σανυ̣σασεαρε[
α̣[..]λ̣α̣κιησθρεπτειρανατασθαλο[
......]...θ̣αλ̣α̣μ̣οιοκατεθλασε[
ενθαμενευνησασϋπερηνορα.[
ενθαδεχρυσοχιτωνοσυποπτερ[
αυχεναγαυροναρησαχαιμενι̣[
τοιοσεωνβασιλευσταγαθοσκρατε̣[
σ̣ησισαοφροσυνησιτεηνπαρακατθ[
........[.]..σ̣εωνεπιδευεακηδεμονη[
τοισ[..........]δημιονϊχνοσ......

21 π̣, pars dextera hastae horizontalis cum *ο* coniunctae || **22**]., apex hastae verticalis
3].[, fortasse α̣ || **4** α̣, apex summus exstat extra marginem dilatatus | γυ̣, infimae tantum partes litterarum || **5** ι̣γ, infimae tantum partes litterarum || **8** γυ̣, infimae litterarum partes, alterius unco praeditae || **9** ., pars infima hastae verticalis | υ̣, pars inferior || **10** α̣, exstant partes extremae apicis et caudae | λ̣α̣, partes summae cum duobus apicibus || **11**]..., vestigia valde evanida certe dispici nequeunt (an .τ̣.?) || **12** .[, fortasse angulus inf. dext. litterae *ν* || **17** initio versus septem litterarum pars summa, i. e. hasta horizontalis (π̣), pars superior circuli parvi (ρ̣), apices tres |].., pars summa hastae verticalis et vestigia litterae rotundae; ante *ε* vestigia litt. rotundae, fortasse θ̣, melius σ̣ || **18** vestigia sex litterarum nunc dispici nequeunt

]π̣ολλοὶ δέ τε παῖδες ἀοιδῶν
μι]ῆ̣ς ἥπτοντο τραπέζης
φ]ερέσβιος ἦσθα πορείη
]χης πάντεσσι τιταίνων
]ῠ̣κες εὖχ[ο]ς ἀοιδαῖς
].τι.[.......ε]λθών
]ος

[1 recto]

. . .

τ]οιο[
τ]οσσα̣[
...].[
ἀ̣[ρ]γυ̣ρέη[
σοὶ̣ γὰρ̣[
αὐτοκασ[ιγνητ
διογενη[ς
ἐς πυμάτην πιπ[τ........] Αἴγυ̣[πτον
πᾶσι μὲν εὐνομίη̣ς ἀνύ̣σας ἔαρ ε[
ἀ̣[μπ]λ̣ακίης θρέπτειραν ἀτασθάλο[υ
......]... θ̣αλ̣ά̣μοιο κατέθλασε[
ἔνθα μὲν εὐνήσας ὑπερήνορα .[
ἔνθα δὲ χρυσοχίτωνος ὑπόπτερ[ος
αὐχένα γαῦρον Ἄρηος Ἀχαιμενί̣[δ
τοῖος ἐὼν βασιλεύς τ᾽ ἀγαθὸς κρατε̣[ρός τε μαχητής
σ̣ῇσι σαοφροσύνῃσι τεὴν παρακάτθ[εο Ῥώμην·
π̣α̣τ̣ρ̣ί̣δ̣α̣ τ̣[ο]ῖ̣ο̣ς ἐὼν ἐπιδευέα κηδεμονή[ων
τοῖς [....... ἐπι]δήμιον ἴχνος ἐ̣ρ̣⟨ε⟩ί̣σ̣α̣ς̣

21 π]ολλοὶ Ge || 22 μι]ῆ̣ς Livrea Ca τε]ῆς Ge || 23 φ]ερέσβιος Ge || 24 τύ]χης Ge || 25]ῠ̣κες Ke[1]]σκες Ge | εὖχ[ο]ς Ge

a Pamprepio abiudicandum censet Ca, cui adsentimur || 1 τ]οιο[Ge τ]οῖο[ς Ca || 2 τ]όσσα Ge τ]οσσα[τιο- Ca || 4 ἀρ̣]γυ̣ρέη̣[Ge || 6 αὐτοκασ[ιγνητ Ge || 7 διογενὴ[ς Ge Διογένη[Ca || 8 πι̣π̣[τ ... Αἴ̣γυ[πτον Ge || 9 ἀν[ύ]σας Ge | ἔ[θνεσι γαίης Ca e. g. || 10 ἀ̣[μπ]λ̣α̣κίης Livrea παλλ]α̣κίης Ge ...]α̣κιης Ke[1] παι]δ̣είης sive ...] λ̣ειης Ca* | ἀτασθάλο[υ Livrea ἀτάσθαλο[ν Ge || 13 ὑπόπτερ[ος Ca ὑπόπτερ[ον Ge || 14 γα[ῦ]ρον Ge | Ἀχαιμεν[ίδου Ge | in fine v. vocem verbi κάμπτειν desiderat Livrea || 15 κρατε̣[ρὸς Ge | τε μαχητής Livrea τ᾽ αἰχμητής Ar καὶ ἐπάρχων Ge* || 16 παρακάτθ[εο Ge | Ῥώμην Livrea νύμφην Ca || 17 π̣α̣τ̣ρ̣ί̣δ̣ι̣ τ̣[ο]ῖ̣ο̣ς ἐ̣ὼν disp. We, at π̣α̣τ̣ρ̣ί̣δ̣α̣ praetulerit Livrea |]ε̣ων Ke[1]]θεων Ge]ἐῶν Ca || 18 ἐπι]δήμιον Ke[1]]δήμιον Ge* | ἐρ⟨ε⟩ίσας Ke[1], Ma praeeunte ὁρίσας Ge

ημ..[............].ομηκαμεδιοσοδυσσευσ
].[.]..[ ]...
εικαιρ...σ.ν.οισ[..]..[.]..[
χθιζονγαρπτολιεθρονaμ[
ϊμεροσωλεσιπατρισερυ̣κ[
πασαδελωβη̣τηριπεριζωσ[
ελπωρηδεδονητογαληναιω[
καιτισαγηνορεωναιζηϊοσε..[
θαρσα̣λ̣ε̣[..].ωζωνφονιηδ᾽οιστρ[
εμφυ[..]υ̣στονοεσσανεδυσατολ[
ειρηνησαδιδακτονομηλικαλαε[
ουμενλαασεπαλλενεθημον[.]..[
δημ̣ουξεινοναθυρμαφονοσ[
...]υ̣[.]λ̣α̣ναμαθυνεναχε̣ι̣ρ[
.................]χατ[.].[
.......].σ̣.[...........].[

2

]εδικησκοσμητορι[
]αοφρονικωστα[
]τοσσονφιλοσοσσο[
]οσσονδιϊφοιβοσ̣[
]ω̣σιταν̣[..]τ̣ερο[
]ν̣ε̣[....]νω[

(septem fere versus desunt)

αμ[
παν[ ]λ.[
εισ[ ]κ̣ε̣[

19 ..[, an ι̣φ ? |]., pars extrema hastae superioris litt. σ || 20]σ̣α̣σ̣ possis, at vestigia evanuerunt || 21 ..., pars infima diagonalis ad laevam descendentis, nec non trium hastarum verticalium || 31 η̣μ̣, pars summa exstat
5 ταν̣[..]τ̣ερο[primum dispexit Livrea

ημ..[.... ἐτέλεσσα]ς ὃ μὴ κάμε δῖος Ὀδυσσεύς
].[.]..[ ]...
εἰ καὶ ιϱ...σ.ν.οισ[..]..[.]..[
χθιζὸν γὰϱ πτολίεθϱον ἀμ[ηχανέον
ἵμεϱος ὠλεσίπατϱις ἐϱύκ[ακε
πᾶσα δὲ λωβητῆϱι πεϱιζωσ[θεῖσα
ἐλπωϱὴ δεδόνητο γαληναίῳ[
καί τις ἀγηνοϱέων αἰζήιος ε..[
θαϱσαλέ[ως] σῴζων· φονίῃ δ' οἰστϱ[
ἐμφύ[λο]υ στονόεσσαν ἐδύσατο λ[ύσσαν ἐννοῦς
εἰϱήνης ἀδίδακτον ὁμήλικα λάε[σι τύψας·
οὐ μὲν λᾶας ἔπαλλεν ἐθήμον[α]ς .[
δήμου ξεῖνον ἄθυϱμα φονοσ[ταγέος
...]υ[.]λαν ἀμάθυνεν αχειϱ[
.................]χατ[.].[
.......].σ.[..........].[

2

]ε δίκης κοσμήτοϱι[
σ]αόφϱονι Κωστα[ντίνῳ
]τόσσον φίλος ὅσσο[ν
]ὅσσον Διὶ Φοῖβος [Ἀπόλλων
]ωσι ταν[ύπ]τεϱο[
]νε[....]νω[

(septem fere versus desunt)

αμ[
παν[ ]λ.[
εισ[ ]κε[

19 *ἠμιφ[....ἐτέλεσσα]ς* Livrea *ἠμῖν [ἐξετέλεσσα]ς* e. g. Ke[3] || **20** *]σας*, quod legerat Ge, nunc disparuit || **22** *ἀμ[ηχανέον* Livrea || **23** *ἐϱύκ[ακε* Ke[2] || **24** *πεϱιζωσ[θεῖσα* Ca | *κυδοιμῷ* Ca e. g. *χαλινῷ* Livrea e. g. || **25** *[βασιλῆι* Ca || **27** *θαϱσαλέ[ως] σώζων* Ge *θάϱσεε [κωμ]άζων* Ca e. g. *ῥ]έζων* We | *οἰστϱ[ήλατος ὁϱμῇ* Ge || **28** *ἐμφύλ[ο]υ* Ge | *λ[ύσσαν* Ge | *ἐννοῦς* Livrea *ἀύτης* Ge* || **29** *λάε[σι τύψας* Livrea *λάε[σι βάλλων* Ge *λαὸ[ν ἀγείϱας* Ca || **30** *ἐθήμον[ας, ἀλλὰ* Ge || **31** *φονοσ[ταγέος* sive *φονοσ[ταγές* Livrea *φόνος* Ke[1] *φονο[κτόνον* Ge || **32** *μ[..]σ[..]ϱα[.]ν* Ge | *ἀχειϱ* Ge *ἃ χεὶϱ* Ca

2 *Κωστ[αντίνῳ* Ke *Κῶς τε* Ge || **3** *ὅσσο[ν* Ge || **4** *[Ἀπόλλων* Ge || **5** *]ωσι ταν[ύπ]τεϱο[* disp. Livrea *τὰ ν..εϱο[* Ge || **9** *εισ* disp. Ke[1] *εἰσ[όκεν* Ca *μεσ[* Ge | post h. v. carminis exitus ornamento indicatur

3

χ[. . . . . .].[. . . . .]. . .[.].ελωδια
οπουγα. .[. . .]νσυντρεχουσινοιλογο[
τονποικιλοννουντωνποιητωνσωφρονωσ
ελκουσινεκφερουσινεισευτολμιαν
ωρασμελιζεινκαιλε.ειντапραγματα
ωσανπαραστ.σωσι.αιμεληδονεσ
σημερoναμφεμεκωμοσαειδεταιουχοσοναυλων
ουχ̣. .ονεπτανοο[.]ολυρησαναβαλλεταιηχω
ηδυναμε.βο.ε.ημελεωνθροονουθονα[.]ιδε[
ουρεοσσομφηεν[. .]σΰποκλ̣ε̣τ̣ασηχετακυκ̣νοσ
γηραλεησσειρηνο̣σ̣ακηρατοναχθοσαμειβων
ακροκ[. .]ο̣ι̣σ̣πτερυγεσσινοτεπνειουσινα̣ητα[
αλλ. . . .[. . .]ρηκησνιφετωδεοσεμπνοοσαυρη
χειμεριοισπελαγεσσινεπισκαιρουσαθαλασσησ
ορθριοναειδειροθιωνμε̣λ̣ο̣σηδυδεμελπει
χιονεηνφαεθοντοσε.[
χευμασινομβρον.[
καικυνοσαστραιοιοπυρ[
υγροποροισνιφαδεσσικατα.[. .].[
χευματιγαρχλοουσικαιαστερεσο.[
συνδρομονηελιωκυανωπιδαπο[
ψυχομενωνεφεεσσικαλυπτομενο[
ουκετινυκτοσερευθοσΐτυνπεριβαλλ.[. . . . . . .].ν

1]. . .[, fortasse ε̣ι̣ν̣ || 2 .[, pars inferior litterae rotundae || 6 η̣ et ν̣: hastae tantum verticales dispiciuntur || 10 λ̣ε̣ quasi λ̣ι̣ || 15 ε̣λ̣ο̣, exstant hasta verticalis, apex litt. λ et pars inf. litt. rotundae || 16 .[, vestigium litt. evanidae in parte sup. lineae || 19 .[, pars inf. litt. rotundae, fortasse σ | pars laeva litt. λ exstare videtur || 23 .[, pars laeva sup. litt. ε |]., pars inf. litterae rotundae, ω vel ο

CARMINA

3

χ[· · · · · ·]·[· · · · · · · · ·]· · ·[·] μελῳ̣δίᾳ̣·
ὅπου γὰρ̣.[. . .]ν συντρέχουσιν οἱ λόγο[ι,
τὸν ποικίλον νοῦν τῶν ποιητῶν σωφρόνως
ἕλκουσιν, ἐκφέρουσιν εἰς εὐτολμίαν
ὥρας μελίζειν καὶ λέγειν τὰ πρᾴ̣γματα,
ὡς ἂν παραστῆ̣σωσιν̣ αἱ μελῃδόνες.
σήμερον ἀμφ' ἐμὲ κῶμος ἀείδεται, οὐχ ὅσον αὐλῶν,
οὐχ ὅ̣σ̣ον ἑπτανόο[ι]ο λύρης ἀναβάλλεται ἠχώ,
ἡδὺν ἀμει̣βομ̣έν̣η μελέων θρόον, οὔθ' ὃν ἀ[ε]ίδε[ι
οὔρεος ὀμφήεν[το]ς ὑπὸ κλ̣έ̣̣τας ἠχέτα κύκ̣νος
γηραλέης σειρ̣ῆν̣ο̣ς ἀκήρατον ἄχθος ἀμείβων,
ἀκροκ[όμ]ο̣ις̣ πτερύγεσσιν ὅτ' ἐ⟨μ⟩πνείουσιν ἀ̣ῆτα[ι
ἀλλ' ὅ̣σο̣ν̣ [ἐκ Θ]ρήκης νιφετώδεος ἔμπνοος αὔρη
χειμερίοις πελάγεσσιν ἐπισκαίρουσα θαλάσσης
ὄρθριον ἀείδει ῥοθίων μ̣έ̣λ̣ο̣ς· ἡδὺ δὲ μέλπει
χιονέην Φαέθοντος ε.[
χεύμασιν ὄμβρον .[
καὶ κυνὸς ἀστραίοιο πυρ[
ὑγροπόροις νιφάδεσσι κατασ̣[τα]λ̣[άο
χεύματι γὰρ χλο⟨ά⟩ουσι καὶ ἀστέρες, οὐ̣[κέτι
σύνδρομον Ἠελίῳ κυανώπιδα πο[
ψυχομένῳ νεφέεσσι καλυπτομενο[
οὐκέτι νυκτὸς ἔρευθος ἴτυν περιβάλλε̣[ται ἄστρ]ω̣ν.

1 χ[ρὴ τους] θ̣[εατὰς εὐνο]εῖν [μ]ελῳ̣δίᾳ Ge χ[ρὴ τῇ γ' ἄνωθεν συμπνέ]ειν μελῳδίᾳ Gr || 2 [ἄστρω]ν Gr [ἀνδρῶ]ν Ma [ἔργο]ν Gd [εὔνω]ν̣ Ge | λόγο[ι Ge || 6 παραστῆ̣σ̣ωσιν̣ Ke[1] παρασπ[ά]σωσιν Ge | post h. v. paragraphum exhibet **Π** || 8 επταν- **Π**, def. Livrea ἑπτατόνοιο corr. Ge || 9 ουθ' **Π**, def. Sc οὐδ' Ra | ἀείδε[ι Ge || 10 ὀμφήεν[το]ς Ge | κλέτας Ke[1] κλίτος Ge || 11 σει[ρ]ῆν[ο]ς Ge || 12 ἀκροκ[όμ]οις Ge ἀκροτ[άτ]οις Pa ἀκροκ[έρ]οις Ho | ἐ⟨μ⟩πνείουσιν Ma | [ἀ]ῆτα[ι Ge || 13 ὅσο̣ν̣ [ἐκ Ho ὂ̣ν̣ [Θ]ρήκη[ς ἐκ] Ge* [δ]ν [ἀπὸ Θ]ρήκης Ke[1] | ν[ι]φε[τ]ώδεος disp. Ke[1] Ho φ[υσ]ώδεος Ge φ[ρικ]ώδεος Ma, qui et [Θ]ρηικίης prop. | [α]ὔρη Ge || 14 ἐ[π]ι[σ]κα[ίρ]ουσα Ge || 15 ῥοθίων̣ disp. Ke[1] ῥοθ[ί]ῳ Ge | μ[έλο]ς Ge || 16 ἐ[ριφλεγέος πυρὸς αἴγλην Ge || 17 ὄμβρον disp. Ke[2] ὀμβρο[τόκων σβεῖσαν διεροῖς νεφελάων Ge* || 18 πυρ[αυγέος Ke[2] πυρ[αιθέα διψαλόεντα Ge || 19 κατασ̣[τα]λ̣[άουσαν ἐέρσην vel κατασ̣[τα]λ̣[άοντα κομάων Livrea κατασβ̣ε̣[σθέντα σελασμόν Ra* || 20 χλο⟨ά⟩ουσι Ge | οὐ̣[κέτι μήνην Ge δ' Αἴγλην vel Φοίβην Ho || 21 πό[τναν ὁρῶμεν Ge (π̣[Ke[1]) ἑλίσσει Ho || 22 ψυχομενω disp. Ke[1] ψύχθη ἐν ᾧ Ge* | κα[λ]υπτόμενο[ς Διὸς αἰθήρ Ge κα[λ]υπτόμενο[ς δὲ Ke[2] || 23 περιβάλλ[εται ἄστρ]ω̣ν We περιβάλλ̣[ετο κόσμου Ke[2] περίβαλλ[εν ἑῷ̣]ον Ge* ||

αρτιμεναντολιησχιονωδεεσεπρ[.]π̣[.....]α̣ι̣
αιθεριωνγονοεσσαναμεργομεναι.[...].ομβρω̄
πληιαδασδ᾽εκρυψεπαλινσ[..].φ......οσαξων
ουκετικα[..............]ν.[....]ε[.]οσαιγλη
αντιπ̣[.........]ε̣σσιφαεινεταιυ̣[
εσπ̣[........]πεζανατερμον[
αστ[..........]ουσαλακωνιδοσερ.[
οσσ[.......]α̣παλιννοστοι[
και[.......]ρε̣[.]......[.]..[
.[..........]..[.....]δρακ.[
(decem fere versus desunt)
..]φ̣ι̣δ̣[
εισα.[.].........ο̣ι̣τ̣ρ̣ι̣α̣[
ωδινωνλυκαβαντασαμε[
χειμεριωνεφυτευσεφιλα...[.....]...λων
ενθατισηετιωννυμφηϊοσομβρ[.]σερωτων
εδνατελεσσιγονοιοχεωνεπιδεμνιαγαιησ
ελπισινευαροτοισιφερεσβιονογμ̣οναφασσει
καιτισορεσσινομωναγελη̣κο̣μοσ̣αγχιβοαυλων
εκνεφεωνπραιστηραχαλαζηεντα..κευων
..σιονομβροτοκοιοπροαγγελονειλιθυϊησ
π̣ορτια[.]αρτιτοκοισινϋπωδινεσσιφ[.]νεισασ
.λασενυψικρημνονεσαβροχονα[...]ονεριπνησ
.].κλαδεχνηενταβοοκραιροιοχ...νοσ

25 .[, litt. χ infima pars laeva | .], altera hasta vert. litt. ν || **28** π̣, exstat pars laeva lineolae horizontalis cum litt. ι coniunctae, nec non pars media prioris hastae vert. | υ̣, pars laeva superior || **29** π̣, pars extrema prioris hastae verticalis cum litt. σ coniunctae || **30** .[, pars infima hastae vert. || **32**]......[.]..[, litteras evanidas legere nequeo || **33** .[, pars sup. hastae vert., vix litt. rotundae || **34**]φ̣ι̣δ̣[, partes infimae tantum exstant || **37**]... [, si litt. quattuor, legendum fortasse γ[.]α̣υ̣[| ., pars media hastae vert.; sequuntur curvaminis pars infima et hastae vert. vestigia (an τ̣α̣., γα̣.?) || **44** π̣, exstat pars dextera extrema hastae vert. || **45** ., pars inf. hastae vert. || **46**]., pars infima hastae vert.

ἄρτι μὲν ἀντολίης χιονώδεες ἔπρ[ε]π̣[ον . . .]α̣ι̣
αἰθερίων γονόεσσαν ἀμεργόμεναι χ[ύσι]ν̣ ὄμβρων,
Πληιάδας δ' ἔκρυψε παλίνσ[τρ]ο̣φ̣ο̣ς̣ ὄ̣ρ̣θ̣ι̣ος ἄξων,
οὐκέτι κα[. . . . .]ν . [. . . .]ε[.]ος αἴγλη
ἀντιπ̣[όροις μερόπ]ε̣σσι φαείνεται, ὑ̣[στατίη δέ
ἑσπ̣[ερίην παρὰ] πέζαν ἀτέρμον[ος ὠκεανοῖο
ἀστ[ράπτει κλονέ]ουσα Λακωνίδος ἔρ̣ν̣[εα Λήδης
οσσ[. . . . . . .]α̣ παλιννόστοι[ο πορείης
και[. . . . .]ρ̣ε̣[.] . . . . . . [.] . . [
. [. . . . .] . . [. . . . .] δρακ . [

(decem fere versus desunt)

. .]φ̣ι̣δ̣[
εισα . [.] . . . . ο̣ι̣τ̣ρ̣ι̣α̣[
ὠδίνων λυκάβαντας ἀμε[ιβομένῃσι λοχείαις
χειμερίων ἐφύτευσε φιλαγρ̣α̣[υλ. . .] . . . λων.
ἔνθα τις ὑετίων νυμφήιος ὄμβρ[ο]ς ἐρώτων
ἕδνα τελεσσιγόνοιο χέων ἐπὶ δέμνια γαίης
ἐλπίσιν εὐαρότοισι φερέσβιον ὄγμ̣ον ἀφάσσει·
καί τις ὀρεσσινόμων ἀγεληκόμος̣ ἄγχι βοαύλων
ἐκ νεφέων πρηστῆρα χαλαζήεντα δ̣οκεύων
α̣ἴ̣σιον ὀμβροτόκοιο προάγγελον Εἰλιθυΐης
π̣όρτια[ς] ἀρτιτόκοισιν ὑπ' ὠδίνεσσι φ[α]νείσας
ἤ̣λασεν ὑψίκρημνον ἐς ἄβροχον ἄ[ντρ]ον ἐρίπνης·
κ]ύ̣κλα δὲ ⟨λα⟩χνήεντα βοοκραίροιο χ̣ι̣τ̣ῶ̣νος

24 *ἔπρ[ε]π[ον* Wi[1] *ἔπρ[ε]σ̣[αν* Ge | *αὐγ]αί* Wi[1] *αὐρ]α̣ι̣* Ge *ἄκρ]αι* Ke[2] || **25** *ἀμεργόμεν[α]ι* disp. Ke[1] Wi[1] *ἀμεργομέ[νην χύσι]ν̣* Ge || **26** *παλίνσ[τροφος* Ge | *ὄρθι]ος* Ke[2] *αἰθέρ]ος* Ge || **27** *αἰθ]έ̣[ρ]ος* Ke[2] *ἀστ]έ[ρ]ος* Be || **28** *ἀντι[πόροις* Ke[2] *ἀντι[πέραν* Ho *ἀντι[πόδ]εσσι* Ge | *μερόπ]εσσι* Ho | *φαείνεται* disp. Ke[1] *φάεινε ταρ̣.[* Ge | *ὑ̣[στατίη δέ* Livrea *[ὑψιπόρος δέ* Ho || **29** *ἑσπ[ερίην ἐπὶ]* Ho Ke[1] *ἐς τ[* Ge | *παρὰ* spatii ratione habita praefert Livrea | *ἀτέρμον[ος Ὠκεανοῖο* Ho *ἀτέρμον[α* Ge || **30** *ἀστ[ράπτει κλονέ]ουσα* vel *ἄστ[ρασιν ἀστράπτ]ουσα . . . ἔρ̣ν̣[εσι* Livrea *ἀστ[ράπτ]ουσα* iam Gd, spatii ratione neglecta | *ἔρν[εα Λήδης* Wi[1] *ερχ̣[* Ge || **31** *παλιννόστοι[ο πορείης* sive *κελεύθου* Livrea *παλιννοστο̣ι̣[* Ke[1] *παλίννοστος* Ge || **32** *]ανασ.δ[ε]ιξ[* Ge || **33** *δρακο̣[ντ* Ge || **34** *ἀμ]φ̣ὶ̣ δ̣[* Ge || **35** *εἰς α[* Ge || **36** *ἀμε[ιβομένῃσι λοχείαις* vel *ἀμε[ιβομένης δὲ λοχείης* Livrea *ἀμε[ιβομένης δὲ πορείης* Ke[3] *ἀμε[ιβομένους* Ge || **37** *φιλαγρ̣α̣[υλ* Livrea *φιλα[ν]θ̣ρ̣[ωπ* Ge || **38** *ὑετίων* Ge *ηετιων* ***Π*** || **40** *ὄγ[μ]ον* Ge || **41** *ὀρεσσινόμων* Ar *ὀρεσσινομῶν* Ge* | *ἀγεληκόμο[ς]* Ge || **42** *πρηστῆρα* Ge *πραιστηρα* ***Π*** | *[δο]κεύων* Ge || **43** *α]ἴ̣σιον* Ge | *Εἰλιθυΐης* cum papyro legendum, vix *Εἰλ⟨ε⟩ιθυίης* Ge* || **44** *π]όρτιας* Ge | *-εσσι φανείσας* Ke[1] (dispexerat Ma) *-εσσιν ἀνείσ̣ας̣* Ge || **45** *ἤ]λασεν* Ge | *ἄ[ντρο]ν* Ar Wi[1] *α[ὔλι]ν* Ra || **46** *κ]ύκλα* Ge | *δὲ ⟨λα⟩χνήεντα* Ma *δ' ἐχ⟨ιδ⟩νήεντα* Ge | *χ[ιτῶ]ν̣ος* vel *χ[υτῆ]ρος* Ge

.]ωσαμενοσπερινωτονεδυσατοδειραδαπετρησ
...].ζωναγελησιμογισδ᾽ανεβαλλετοσυριγ[
....]ασιλεπταλεοισιν ϋπωροφιησμελοσηχουσ
.....]σασδεδονητοκακ̣...α̣νωταδεταυρων
.............]..χ̣[.......]υνε.εσουσα
.........................]τινυμφαι
.....................].νυθουσινοπωραι
..................]....τοφυταλιαων
................]ναθηλεαπηχυναεισαι
................]ναnεδρεψαντοχαλαζησ
...............].νοναεξιφυτοιολοχειησ
ημεναν[.......]σ̣απολυπλοκονοζονεθειρησ
παντοθιγ.[....]ησαπεσεισατοφυλλαδαχαιτησ
ηδ᾽ενιφοβλ[..]οιοπαραπρηωνακολωνησ
απτορθοισπαλαμησιναρυετοκαρπιμονυδωρ
πυκναχαλαζοβολων..ο̣τ̣ο̣υ̣[.]εν[..].[........]αων
καιχροαδενδ[......]..[.................]ρω
] πτωι[
................]χιων..ι̣.εδρομενυμφη
..............]ισ[.]πολυψηφιδο[.]εερσησ
αλ[.].υφορ[....]φευ[.]ελιθωδεαγηθομενηδε
δεξατοχιονοπεπλοναναγκαιη.[..]οφονϋλησ
ουκαραδηρονεμ̣ελλεναερταζε....θονομβρων
ουδ᾽ετιχιωνεηισ[.]δατωδεωδε̣[.]μακ̣α̣λ̣υ̣πτρησ
ηδηγαρνεφεωνανεφαινετομεσσοθικυκ[

48]., pars summa hastae verticalis || **50** ..., pars superior trium vel quattuor litterarum quae dispici nequeunt || **51**]σ̣α̣ dispicere sibi visus est Ge: non liquet || **54** α̣ε̣ξ̣ε̣ primum dispexit Livrea, i. e. apex inf. sin. litt. *α*, hasta horizont. inf. litt. *ε*, cauda litt. *ξ*, hasta horiz. inf. litt. *ε* || **57**]., pars infima hastae vert. || **59** .[, pars sup. hastae verticalis || **62** .., hasta horiz. in parte sup. lineae || **64**]., fortasse α̣ || **67**]., pars litt. rotundae || **68** .[, hasta verticalis || **69** ...., punctum prope mediam hastam horiz. litt. *ε*; pars inf. hastae vert.; puncta duo, supra et infra foramen parvum; pars dextera litt. *ο*

ζ]ωσάμενος περὶ νῶτον ἐδύσατο δειράδα πέτρης
συρ]ί̣ζων ἀγέλῃσι· μόγις δ' ἀνεβάλλετο σῦριγ[ξ
ἄσθμ]ασι λεπταλέοισιν· ὑπωροφίης μέλος ἠχοῦς
.....]σας δεδόνητο κα̣κ̣...α̣· νῶτα δὲ ταύρων
.............].. χ[ιὼν ἐπάλ]υνε π̣εσοῦσα
.... εἰσέ]τι νύμφαι
.... φθ]ι̣νύθουσιν ὀπῶραι
...................] ἀ̣έ̣ξ̣ετο φυταλιάων
.................]ν ἀθήλεα πῆχυν †αεισαι†
................]ν ἀνεδρέψαντο χαλάζης
...............].νον ἀεξιφύτοιο λοχείης
ἡ μὲν αν[.......]σ̣α πολύπλοκον ὄζον ἐθείρης
πάντοθι γη̣[ραλέ]ης ἀπεσείσατο φυλλάδα χαίτης.
ἡ δὲ νιφοβλ[ήτ]οιο παρὰ πρηῶνα κολώνης
ἀπτόρθοις παλάμῃσιν ἀρύετο κάρπιμον ὕδωρ
πυκνὰ χαλαζοβόλων ..ο̣τ̣ο̣υ̣[.]εν[..].[... νεφελ]άων
καὶ χρόα δενδ[ρήεντα]..[................]ρω
...............]α̣πομ̣[
................] χιὼν ἐ̣π̣ι̣δ̣έδρομε νύμφῃ
..............]ισ[.]πολυψηφῖδο[ς] ἐέρσης.
ἀλ[λ]' ο̣ὐ φόρ[τον ἔ]φευ[γ]ε λιθώδεα, γηθομένη δέ
δέξατο χιονόπεπλον ἀναγκαίην̣ [τρ]οφὸν ὕλης.
οὐκ ἄρα δηρὸν ἔμ̣ελλεν ἀερτάζει̣ν̣ ῥ̣ό̣θον ὄμβρων
οὐδ' ἔτι χιονέης [ὑ]δατώδεα δε̣[σ]μὰ κ̣α̣λ̣ύ̣πτρης.
ἤδη γὰρ νεφέων ἀνεφαίνετο μεσσόθι κύκ[λος

47 *ζ]ωσάμενος* Ge || **48** *συρί]ζων* Ge | *[σ]ῦρι[γξ* Ge || **49** *ἄσθμ]ασι* Ge | post h. v. lacunam statuit Wi[1] perperam || **50** *ῥοιζή]σας ... κα[τ' ἠέρ]α, νῶτα* Wi[1] *κα[τηχέ]ον· ὦτα* Ge || **51** *χιὼν ἐπάλ]υνε* Wi[1] | *[π]εσοῦσα* Ar || **52** *εἰσέ]τι νύμφαι* Livrea || **53** *φθι]νύθουσιν* Ge || **54** *ἀ̣έ̣ξ̣ετο* disp. Livrea || **55** *]ν ἀθήλεα* Ma *]να θήλεα* Ge* | *ἀ<ν>εῖσαι* dub. Ke[1] *ἀεῖραι* dub. Ge He || **56** *]ν ἀνεδρ-* Ma *]ναν ἐδρ-* Ge* || **58** *ἀ̣γ̣[ειλίσσου]σ̣α* Ge, dub. Ke[2] || **59** *γη[ραλέ]ης* Ke[1] *π[ορφυρέ]ης* Ge || **60** *νιφοβλ[ήτ]οιο* Ge || **61** *κ̣άρπιμ̣[ο]ν* Ke[1] *πάροιν[ο]ν* Ge, unde *παρθέν[ο]ν* Ar || **62** *χαλαζοβόλων* Ma *-βολῶν* Ge* | *νεφελ]άων* Livrea || **63** *δενδ[ρήεντα* Ke[2] || **65** *ἐ[π]ιδέδρομε νύμ[φ]η* Ge || **66** *βαλλομένη ῥοθίο]ισ[ι* Ke[2] *συμμιχθεῖσα ῥόο]ισ[ι πολυψηφῖδο[ς* Ge || **67** *ἀλ[λ' ο]ὐ φόρ[τον ἔ]φευ[γ]ε* Wi[1] *ἀλ[λ]η φόρ[τον ἔ]ρει[π]ε* Ar Ra *ἀλ[λ' ο]ὐ φορ[μὸν ἔ]ρει[κ]ε* Ho *ἀλ[λ'] ἦ φόρ[τον ἔ]ρευ[γ]ε* Ke[1] *ἀλ[λ'] ὑφορ[βὸς ἔ]ρυ[κ]ε* Ge || **68** *[τρ]οφὸν* Ge || **69** *ουκαρα* **Π** *οὐδ' ἄ̣ρα* Wi[2] | *ἔμ[ε]λλεν ἀερτάζε[ιν ῥ]ό̣θον* Ge || **70** *χιονέης* Ge *χιωνεισ* **Π** | *ὑδατῶδες* (deinde *ὑδατώδεα*) *δεσμ[ὰ] κ[α]λ[ύ]πτ[ρ]ης* Ge *]δατωδεω* **Π** || **71** *νεφεωνανεφαινετο* **Π**, disp. Ho (et *νεφέων* coniecerat Ma) *νεφελώδης φαίνετο* Ge* *νεφελῶν διεφαίνετο* Ra | *κύκ[λος* Ge

ακρονερευ.[.]ρ̣ω̣ν̣λεπτηδ᾽ανεθηλεεναι[
βοσκομενητιναχωρονοσοννεφοσεκτοσερυκει
..].εριηνδ᾽ω[.]ξεν̣ανηλυσινηελιουδε
.........]νελαμψεβοωπιδοσοιασεληνησ
.........]δ᾽ηστραψενοϊστευουσακολωνασ
ακ[.......]εουσαμογισδ᾽εκεδασσενομιχλην
υψοθ[......]ελικτοναλαμπεαμητεραπαχνησ
πασα[.......]ε̣λ̣α̣σ̣σ̣ε̣π̣α̣λ̣[.].μειδησεγαληνη
ηερ[.................]οσεμπλεοναι.λησ
θερμο̣.[..............]ινδ᾽ανεπαλλετοδελφισ
ημιφανησρο.ι̣οι[.]ικαιηεριποντονερεσσων
στερναδενυ̣μφαωνεζωσατοπαντροφοναιγλην
μαρναμενη̣νχιονεσσιφυσισδημιπτοχαλαζησ
εισ͡ροονομβρηενταχιωνδ᾽ετινασσετογαιη
φ͡θεγγεϊνικ.θεισαβιαζομενηδεγαληνη
ερρεεποικιλοδ.κ.υσανηναμενημοθονιαγλησ
πηγαωνδετενοντεσεμυκησαντορε̣ε̣θροισ
στεινομενοινιφαδεσσιδιϊπετεωνπροχοαων
μαζοιδ᾽εσφιγοωντοροωδεεσεκδεχαραδρησ
ωρτοροοσπαλ...ρσοσοπηπιτυω..οσϋλησ
νειοθενερριζωντοσυνηλικεσερνεσινυμφαι
τοιαδ᾽α[..]δρυαδωντισυπερκυπτουσαπετηλων
εννεπεπηγαιηροδοπηχεϊγειτονινυμφαι$^{\eta}$
χαιρεμοιαρχεγονοιοφιλοντεκοσωκεανοιο

74]., punctum in parte sup. lineae || 79]ε̣λ̣α̣σ̣σ̣ε̣π̣α̣λ̣[, pars sup. tantum || 81 ο̣ sive ε̣ || 91 ..., vestigia duarum hastarum vert. nec non circuli

ἄκρον ἐρευθ[ι]ό̣ω̣ν̣, λεπτὴ δ᾽ ἀνεθήλεεν αἴ[γλη
βοσκομένη τινὰ χῶρον ὅσον νέφος ἐκτὸς ἐρύκει,
. .].ερίην δ᾽ ὤ[ι]ξε̣ν̣ ἀνήλυσιν· ἠελίου δέ
. . . .]ν ἔλαμψε βοώπιδος οἷα σελήνης,
πλησιφαὴς] δ᾽ ἤστραψεν ὀιστεύουσα κολώνας
ακ[. . . . . . .]εουσα· μόγις δ᾽ ἐκέδασσεν ὀμίχλην
ὑψόθ[εν ἀμφι]έλικτον, ἀλαμπέα μητέρα πάχνης·
πᾶσα [δὲ γαῖα γ]ἐ̣λ̣α̣σ̣σ̣ε̣, π̣ά̣λ̣[ι]ν̣ μείδησε γαλήνη
ἠέρ[α δ᾽ ἠέλιος παλιναυξέ]ος ἔμπλεον αἴγλης
θερμό̣τ̣[ερον ποίησε, πάλ]ιν δ᾽ ἀνεπάλλετο δελφίς
ἡμιφανὴς ῥοθ̣ί̣οι[σ]ι καὶ ἠέρι πόντον ἐρέσσων·
στέρνα δὲ νυμφάων ἐζώσατο παντρόφον αἴγλην
μαρναμένη̣ν χιόνεσσι, φύσις δ᾽ ἤμ⟨ε⟩ιπτο χαλάζης
εἰς ῥόον ὀμβρήεντα, χιὼν δ᾽ ἐτινάσσετο γαίῃ
φέγγεϊ νικηθεῖσα, βιαζομένη δὲ γαλήνῃ
ἔρρεε ποικιλόδα̣κρυς ἀνηναμένη μόθον αἴγλης·
πηγάων δὲ τένοντες ἐμυκήσαντο ῥ̣ε̣έ̣θροις
στεινόμενοι νιφάδεσσι διιπετέων προχοάων.
μαζοὶ δ᾽ ἐσφ⟨ρ⟩ιγόωντο ῥοώδεες· ἐκ δὲ χαράδρης
ὦρτο ῥόος παλ̣ί̣ν̣ορσος, ὅπῃ π̣ιτυώ̣δ̣εος ὕλης
νειόθεν ἐρρίζωντο συνήλικες ἔρνεσι νύμφαι.
τοῖα δ᾽ Ἀ[μα]δρυάδων τις ὑπερκύπτουσα πετήλων
ἔννεπε πηγαίῃ ῥοδοπήχεϊ γείτονι νύμφῃ·
χαῖρέ μοι, ἀρχεγόνοιο φίλον τέκος Ὠκεανοῖο,

72 *ἐρευ[θιόων]* Ge | *αἴ[γλη* Ge || **73** *ερυκει* ***Π*** *ἐρύκει[ν* Ke[1], papyro obstante || **74** ***αἰθ****]ερίην* Ge, quod in vestigia non quadrat *ἠ]ερίην* Ho, brevius spatio | *[ὤι]ξε[ν* Ge || **75** ***αὐγὴ πρῶτο****]ν* (sive *αἴγλη βαιὸ]ν*) *ἔλ[α]μψε* Ge || **76** ***πλησιφαὴς****]* Livrea ***αὐξομένη****]* dub. Ke[2] *λαμπρότερον]* Wi[2], fortasse longius spatio *ὑψίπορος]*, deinde *ὑψιπόρου]* Ge || **77** *ἀκ[τῖσιν βολ]έουσα* vel *ἀκ[τάς τε κλον]έουσα* Ge *ἀκ[-ροτέρῃ προθ]έουσα* Wi[2], spatii ratione neglecta || **78** *ὑψόθε̣[ν ἀμφι]έλικτον* Ge || **79** *πᾶσα [δὲ γαῖα γ]έλασσε* Ma *πᾶσα̣[ν δ᾽ ἀτμίδ᾽] ἔ̣λ̣α̣σ̣σ̣ε* Ge* | *πάλ[ιν]* Ge *παλ[ιμ]μειδὴς ⟨δ⟩ὲ* Wi[1] || **80** *ἠέρ[α* Ge | *δ᾽ ἠέλιος παλιναυξέ]ος* Livrea *δ᾽ ἠέλιος πυριλαμπέ]ος* Ge *δὲ στορέσασα* (sive *λαμπρύνασα*) *πυραυγέ]ος* Wi[1] *δεξαμένη πυριλαμπέ]ος* Ke[2] | *αἴ[γ]λης* Ge || **81** *θερμό̣τ̣[ερον ποίησε* Livrea *θερμο[τέραις ἀκτῖσι, πάλ]ιν* Ke[1-2] *θερμο[τέρην ἅλα τεῦξε, πάλ]ιν* Wi[1] *θέρμε [τε καὶ πέλαγος· νηυ]σὶν* Ge* || **82** *-[σ]ι καὶ* disp. Ke[1] *ῥο[θίοισιν ἐν]* Ge || **83** *ν[υ]μφάων* Ge | *εζωσατο* disp. Ke[1]Ho *ἐξώσατο* (sic) bis Ge* || **84** *ἤμ⟨ε⟩ιπτο* Ge *ημιπτο* ***Π*** || **85** *γαίῃ* Ke[1] *γαίη[ς* sive *αἴγλῃ* Ge || **86** *φ[θ]εγγεϊ* ***Π*** || **87** *ποικιλόδ[α]κ[ρ]υς* Ge | *μ[ό]θο[ν]* Ge || **88** *ῥ[εέ]θροις* Ge || **90** *ἐσφ⟨ρ⟩ιγόω[ν]το* Ar || **91** *παλ[ίνο]ρσος* Ge | *πιτυώ[δε]ος* Ge || **93** *Ἀ[μα]δρυάδων* Ge || **94** *ῥοδοπ[ήχ]εϊ* Ge | *νυμφαι*$^{\eta}$ ***Π*** ||

φυταλιησβασιλειατιμο̣ι̣....[.]εστιροαων
βριθομενηγεραεσσιμ.[.........]ν̣νεφελαων
ουχορααςοσοσομβροσ̣[..............].λοχμην
ημετερησεντοσθεναποσ.[.......]καμιδοσ
ενθενεχειστοσονοιδματα...[.......].νεγειρω
θυμοδακησοτιμυθοσεπειταδεμητισ[......].
εγγυθιγαρχρονοσουτοσοτανποτεσε[
ενθατεωνγεραωντιμηοροσεσσετ[
ναιτοτεποτνατιταινεφυτοσπορον[
ε.σετ̣ιδιψαλεησινοπωσχαρισευχαρι[
ημενεφηγελοωσαχαρισδ᾽απελαμπετοπ[
ε̣ι̣σ..ινορν..[.]νηφιλομειδεαπαρδερε[
στερνοθε[..........]απαρηοροσυδασι[
ηθελεναδ[..............]α̣ι̣νειν ενιμυ̣[

...]ομενωνζειδωρο̣ν̣ε̣σ̣ορθ[.]..[
..]ησιπονοισδεβοεσσινεφηρμοσαν[........]σ
..]θαμετ᾽ αιθεριωνχιονωδεακωμο[...]ωτων
.]ρεϊγειοπονωνυ.φευεταιομπνιαδηω
π̣αντεσδ᾽ευχετ[.]ωντοθυοσδεμεμηλενεκαστω
.]ωμοναν.....[..]ωδηωιονεσδεθυηλασ
.........]σσκοπελ̣ο̣ισικαλαν[....]..[....]οταυροσ
...]..[.]...δεφαλαγγεσεπερρωοντοβοτηρι
..]α̣μενωθυοεσσανελευσινιησφλογαπευκησ

96 ...., pars summa diagonalis ad laevam vergentis; insequuntur partes sup. litterarum ρ̣ε̣ο̣ || **98**]., duo apices litt. α̣ || **99** .[, pars infima hastae vert. || **100** λ̣α̣ν̣ incertissimum, infima enim litt. pars tantum asservatur || **101**]., pars superior litt. ν || **107** ..[, pars superior dextera litt. υ et summa duarum hastarum verticalium (μ) || **112**]..[, pars infima hastae verticalis et litterae rotundae || **115** ., exstant vestigia infima duarum hastarum verticalium litt. μ || **117** vestigia quinque litterarum incertissima dispici nequeunt: exstant enim puncta quattuor in parte inf. lineae, quibus insequuntur hastae verticales tres || **118**]..[, hastae horizontales summae litt. π̣ et ε̣ || **119**]..[, ο̣σ̣ sive ο̣μ̣ possis | ..., vestigia infimae partis trium litt., quae legi nequeunt

φυταλιῆς βασίλεια· τί μο̣ι̣ χ̣ρ̣έ̣ο̣[ς] ἐστὶ ῥοάων,
βριθομένη γεράεσσι με̣[λανστέρνω]ν̣ νεφελάων;
οὐχ ὁράᾳς ὅσος ὄμβρος̣ [ἐμὴν κατὰ φυλλάδ]α̣ λόχμην
ἡμετέρης ἔντοσθεν ἀποστ̣[άζει πλο]καμῖδος;
ἔνθεν ἔχεις τόσον οἶδμα; τάλ̣α̣ν̣, [τί δὲ μῆν]ι̣ν̣ ἐγείρω;
θυμοδακὴς ὅτι μῦθος, ἔπειτα δὲ μῆτις [ἀμείνω]ν̣.
ἐγγύθι γὰρ χρόνος οὗτος, ὅταν ποτέ σε[
ἔνθα τεῶν γεράων τιμήορος ἔσσετ[αι ὥρη.
ναὶ τότε, πότνα, τίταινε φυτοσπόρον [ὄμβρον ἀρούραις
ε̣ἰ̣σέτ̣ι διψαλέῃσιν, ὅπως χάρις εὔχαρι[ς εἴη.
ἣ μὲν ἔφη γελόωσα, χάρις δ' ἀπελάμπετο π[ολλή
ε̣ἰ̣ς̣ ἔ̣ριν ὀρνυ̣μ̣[έ]νη φιλομειδέα· πὰρ δὲ ῥε[έθροις
στερνόθε[ν ἀντέλλουσ]α παρήορος ὕδασι [νύμφη
ἤθελεν Ἀδ[ρυάδεσσιν ἐριδμ]α̣ί̣νειν ἐνὶ μ̣ύ̣[θοις

. . .]ομένων ζείδωρο̣ν̣ ἐ̣ς̣ ὀρθ[ρ]ι̣ο̣[ν ἔργον ἀρότρων,
τλ]ησιπόνοις δὲ βόεσσιν ἐφήρμοσαν [ἱστοβοῆα]ς.
ἔν]θα μετ' αἰθερίων χιονώδεα κῶμο[ν ἐρ]ώτων
Ἄ]ρει γειοπόνῳ νυ̣μ̣φεύεται ὄμπνια Δηώ.
π̣άντες δ' εὐχετ[ό]ωντο, θύος δὲ μέμηλεν ἑκάστῳ̣
β]ωμὸν ἀν. . . . . [. .]ω Δηώιον· ἐς δὲ θυηλάς
πλαζόμενο]ς σκοπέλ̣ο̣ισι καλαύ[ροπι] π̣έ̣[μπετ]ο ταῦρος.
. . .]. . [.] . . . δὲ φάλαγγες ἐπερρώοντο βοτῆρι
ἁψ]α̣μένῳ̣ θυόεσσαν Ἐλευσινίης φλόγα πεύκης.

96 μ[οι χρέος] Ge || **97** με[λανστέρνω]ν Ge || **98** ὄμβρο[ς ἐμὴν Ge | **κατὰ φυλλάδ]α̣** Livrea **προχυθεὶς κατὰ]** Ar **ἐβιήσατο** Ke[2], quod in vestigia non quadrat || **99** ἀποστ̣[άζει Ge ἀποστ̣[άζων Ke[2] | πλο]καμῖδος Ge || **100** **τόσον** Ma τὸ σὸν Ge | τ̣[ί δὲ μῆν]ι̣ν̣ Ke[1] τ̣[ί δὲ μῦθ]ο̣ν̣ Ar Ge || **101** **μῆτι[ς ἀμείνων** Ge || **102** **σε[ῖο** χατίζω Ma Σε[ίριος αἴθῃ vel ἄζῃ Ge || **103** ἔσσετ[αι ὥρη Wh || **104** [ὄμβρον ἀρούραις sive **οἶδμα πίτυσσι*** Ge [ἀρδμὸν ἀλωαῖς Ho || **105** ε[ἰ]σέ[τ]ι Ge | **εὔχαρι[ς** Ge | **εἴη** dub. Ma ἦ̣σι Ge || **108** στερνόθε[ν Ge | **ἀντέλλουσ]α** Wi[1] || **109** **ἐνὶ μύ[θῳ** Ge || **110** [ἀλλὰ . . . vel [εἰ μὴ . . . ex. gr. Wi[1] || **112** ἐγρ]ομένων vel ἀγρ]ομένων Ke[1] | [ζ]είδωρ[ο]ν Ge || ὀρθ[ριον ἔργον ἀρότρων Ke[1] || **113** τλ]ησιπόνοις Ge | ἱστοβοῆα]ς Livrea || **114** ἔν]θα . . . κῶμο[ν ἐρ]ώτων Ge || **115** Ἄ]ρει Ke[1] ἴδ]ρει Ge | **νυ[μ]φεύεται** Ge || **116** π]άντες δ' εὐχε[τόω]ντο Ge || **117** β]ωμὸν Ge | ἀν̣ι̣π̣τ̣α̣μ̣[ένῳ] sive ἀνε̣ρ̣χ̣ο̣μ̣[έν]ῳ̣, melius ἀν̣ι̣σ̣τ̣α̣μ̣[ένῳ] Livrea ἀνι[στάμεναι Ra* ἀν[αψαμένῳ] dub. Ke[2], at in vestigia non quadrat || **118** **πλαζόμενο]ς** Ke[1] βοσκόμενο]ς Ho **γηθόσυνο]ς** Pa **ἀχθόμενο]ς** Ge | **καλαύ[ροπι]** Ge | **πέμπετ]ο** Wi[2] **πείθετ]ο** Pa **ἕσπετ]ο** Ge βάλλετ]ο Ma κόπτετ]ο Ho || **119** γηθ]ό̣σ̣[υ]ν̣α̣ι̣ sive ἐνδ]ό̣μ̣[υ]χ̣ο̣ι̣ dub. Livrea ποιμένιαι] dub. Ke[2] αἰγι]δ̣[ίων] Ge || **120** **ἁψ]αμένῳ** Ge

...].νομοιδ᾽αγεροντοπεριστεψαντοδε̣βωμον
....]εοντινακοσμοναμαλληεντατιθεντ[
......]εσσομενησσταχυωδ.οσαγγελονωρη[
......]νδεγεροντεσεπωρχησαντοδεκου[
αζ̣[...]νοιμεγαλοιοφιλοξενιηνκ̣ε̣λ̣ε̣ο̣ι̣[
ρα[..]α̣δοσμελποντοφιλοφροσυνην..[
ησχ̣α̣ρινησπαζ̣.[.]τ̣[.]βρο̣τ̣[
ανδρασινευαντητοσεφ[
τριπτολεμωζευξασαδρα...[........]αδιφρων
θεσμοφορονδ᾽ετελεσσεναγηνοραδημοναθηνησ
καιταμενενθυεεσσιβοεσδ᾽αροτηρισιδη̣ρω
νειον[.]πισπερχοντομεταλλευοντεσαρουρησ
μαστιζωνδεκατερθεσυνωριδοσϊχνϊαταυρων
γηπονοσηνιαχευ̣ενεπιξυοσηνιατεινων
ρινοσευτρητ.ϊοπερισφιγγοντακελευθουσ
ουτωπανδαματειραφυσισπειθη.[.]νιτεχνη
εξορεωνεσαροτραβοωνεβιησατοφυτλην
..]οβορωτικτου..νεοικοτατεκνα.[..]ειη
..].αδιηνδ᾽εχαραξετανυπλευρουπτυχαγαιησ
.]τοιχαδαδινευωνεριβωλακαβαιαδεβαινω[
.]ε̣ι̣ρωναχθοσερειδενεσαυλακαμηποτ᾽αροτρω
...]χυσηπαντιωνκρυφιοσλιθοσεργονερυκη
.........]β̣ωτοισιναν..[.].[.]..αρδμονοδευων
...].ομενησεσπειρ[..........]πτηρα.ενεθλησ
.]αινωνενθακα[...........]οραδωραθεαινησ

125 .[, cauda exstat litt. ζ || 126 α̣, pars dextera adservatur || 129 ..., dispiciuntur hasta vert. et diag. superior litt. κ, nec non pars infima litt. ο et ν || 135 ., pars infima litt. rotundae || 137 exstat pars laeva circuli litt. φ || 139]., hasta horizontalis cum parte media litt. α coniuncta || 141 ε̣ι̣, lineola summa horiz. litt. ε et pars superior hastae verticalis || 143 foramen litt. β, non ρ exstare videtur | ..[.].[.].., dispiciuntur pars summa duarum litterarum (α̣σ̣?), apex summus litt. α̣, nec non litterae rotundae et duarum hastarum verticalium || 144]., pars dextera foraminis litt. ρ

ἀγρ]ονόμοι δ' ἀγέροντο, περιστέψαντο δὲ βωμόν
....]εον τινὰ κόσμον ἀμαλλήεντα τιθέντ[ες
αἴσιον] ἐσσομένης σταχυώδεος ἄγγελον ὥρη[ς.
ὕμνησα]ν δὲ γέροντες, ἐπωρχήσαντο δὲ κοῦ[ροι
ἀζ[όμε]νοι μεγάλοιο φιλοξενίην Κελεοῖ[ο.
'Ρα[ρι]άδος μέλποντο φιλοφροσύνην βα[σιλείης,
ἧς χάριν ἠσπάζο[ν]τ[ο] βροτ[οὶ
ἀνδράσιν εὐάντητος ἐφ[
Τριπτολέμῳ ζεύξασα δρακον[τείων ζυγ]ὰ δίφρων,
θεσμοφόρον δ' ἐτέλεσσεν ἀγήνορα δῆμον Ἀθήνης.
καὶ τὰ μὲν ἐν θυέεσσι· βόες δ' ἀροτῆρι σιδήρῳ
νειὸν [ἐ]πισπέρχοντο μεταλλεύοντες ἀρούρης.
μαστίζων δ' ἑκάτερθε συνωρίδος ἴχνια ταύρων
γηπόνος ἡνιόχευεν ἐπ' ἰξύος ἡνία τείνων
ῥινὸς ἐυτρήτοιο περισφίγγοντα κελεύθους.
οὕτω πανδαμάτειρα φύσις πειθήμ[ο]νι τέχνῃ
ἐξ ὀρέων ἐς ἄροτρα βοῶν ἐβιήσατο φύτλην
ὠμ]οβόρῳ τίκτουσαν ἐοικότα τέκνα λ[οχ]είῃ·
ἐκ]ταδίην δ' ἐχάραξε τανυπλεύρου πτύχα γαίης
σ]τοιχάδα δινεύων ἐριβώλακα, βαιὰ δὲ βαίνω[ν
χ]ειρῶν ἄχθος ἔρειδεν ἐς αὔλακα, μή ποτ' ἀρότρῳ
τρη]χὺς ὑπαντιόων κρύφιος λίθος ἔργον ἐρύκῃ
.........]βωτοισιν αν..[.].[.].. ἀρδμὸν ὁδεύων
ἀνδ]ρομέης ἔσπειρ[εν ..... θρε]πτῆρα γενέθλης
ῥ]αίνων ἔνθα κα[ὶ ἔνθα φυτοσπ]όρα δῶρα θεαίνης.

121 ἀγρο]νόμοι Ge | δ[ὲ β]ωμόν Ge || 122 ἀζαλ]έον ... τιθέντ[ες Ge || 123 αἴσιον] Ma αὐον ἐπ]εσσομένης Ge αὐον ἔτ'] Ra | σταχυώδ[ε]ος ... ὥρη[ς Ge || 124 ὕμνησα]ν dub. Ge γήθησα]ν dub. Ra μέλπεσκο]ν Ho | κοῦ[ροι Ge || 125 ἀ[ζόμε]νοι Ge | Κ[ε]λ[ε]οῖ[ο Ge || 126 'Ρα[ριά]δος Ge | [βασιλείης Ma || 127 ἠσπάζο[ν]τ[ο] βροτ[οὶ Ge || 129 δρακον[τείων Ke[2] δρακον[τ⟨ε⟩ίοιν Ra | ζυγ]ὰ δίφροιν Ra, δίφρων disp. Ke[2] || 130 θεσμοφορον *Π*, def. Ar θεσμοφόρον Ge || 136 πειθή[μο]νι Ar || 137 [φύ]τλην Ge || 138 ὠμ]οβόρῳ Ke[1] αἰμ]οβόρῳ Ge χορτ]οβ- sive χιλ]οβόρῳ Ho | τίκτου[σα]ν Ge | τέκνα [λοχ]είῃ Ke[1] τέκνα [τελ]είῃ Ho τεκνία [Ῥ]είῃ Ge || 139 ἐκ]ταδίην Ke[1] ὀρ]θαδίην Ge || 140 σ]τοιχάδα ... βαίνω[ν Ge || 141 χ]ε[ι]ρῶν Ge || 142 τρα]χὺς (sic) Ge | ὑπαντιόων Ge ηπαντιοων *Π* || 143 κλήμασι in. Livrea | γυ]ρωτοῖσιν dub. Ke[2] κι]βωτοῖσιν Livrea, cogente papyro, unde σὺν δ' ἄρα κι]βωτοῖσιν Ke[3] | ἀν' ἄσ[τ]α[τ]ον dub. Livrea ἀνά[στροφον] dub. Ke[2], qui οἶμον praetulerit || 144 ἀνδρ]ομέης Ma ἐσσ]ομέ⟨ν⟩ης Ge | ἔσπειρ[εν Ge | ἀγρὸν Ho γύην Pa ἑῆς Ge | θρε]πτῆρα [γ]ενέθλης Ge || 145 ῥ]αίνων Ke[1] δι]νῶν Ge | κα[ὶ ἔνθα φυτοσπ]όρα Ge

. .]μνεδεπυρο[. . . . .]νερ̣κεσιμιμνεδεβακτρω
. .] . οβορων . . [. . .] . νπολεμηϊονεσμονερυκων
. .]α̣δ̣[. . .] . [. . .]ενωντοσσηνδ᾽ανεβαλλετομολπη
. . . .]θαλυσιονυμνοναειδων
. . . .]πωνϊερονγενοσωσγαροϊω
. . . .]υκεταχανμακαρεσσινεριζει
. . . .] . ησαιτοτισανσταχυναγνοναεξοι
. . . .] . μεγαλησινεφελπισινϊλαοσειησ
. . . .] . νολβεσυδ᾽ουμαθεσοργ . . . . . . α
. . . .]εδαηκε . . . . . [. . . . .]ειψαι
. . . .]βασιλειαπολυλ . ι̣δενευσονϊδεσθαι
. . . .]ροισινεμο̣ι̣[.] . . . . ο̣σκεναεξοισ
. . . . . [. . . . .]π̣ακαιωριονεργοναμαλλησ
τοιαγερωνμ[. . .]εσκεμελοσδ᾽απαμειβετονυμφη
εγγυθιβουκολε̣ο̣υσαλαθεναραθηλυσεουσα
ανεροσειμαφερουσακαιαρ̣σ̣ενα . [. .]μαπεδιλων
πασαμενεσφηκωντοκαλυψομ[. .]ηχροαπεπλοισ
ποιμενιωζωστηριπεριπλοκοσ[ ]ṃδεκαρηνων
χαιτηναμφιελισσαναποθλιψασακομαων
.] . δ̣ρ̣ε̣ι̣ηνεδιηνενοληνραχινουδεμιναιγλη
. .] . . ρ̣ιητ[. .]σ̣αινεναποσταζουσανεερσην
. . . .]καζουσαπατονκρυμνωδεοσυλησ
. . . .]γληενταμετηλυθενηελιωδε
κυ[. . . . .]φοβλητοιοπεριστειλασαχειτωνοσ
ακρ . [. . .]ωνγυμνωσενεσευφυεωνπτυχαμη[
ουδ᾽[. . . . . .]α̣μελησεναλωομενηνδετιθηνη[

147] ., ω̣ || **148**] . [, pars lineolae horizontalis in parte sup. lineae || **152**] ., hasta verticalis || **153**] ., pars media hastae verticalis || **154**] ., pars dextera litt. λ | exstant in parte summa lineae vestigium hastae verticalis (ι̣), apices duo, (α̣δ̣), hasta horiz. (ε), punctum, pars sup. dext. litt. ν || **155** . . . . ., fortasse γω̣ . λε̣ sive γο̣ . λ̣ε̣ || **157**] . ., pars infima litt. rotundae, sequitur λ̣ sive α̣ sive δ̣ || **158** pars infima tantum litt. ε̣ι̣σ̣ι̣δ̣[dispicitur | π̣ sive γγ || **165**] . δ̣, pars summa hastae verticalis et angulus dexter litt. δ || **166**] . ., litt. π̣ε̣ hastae horizontales summae

τέ]μνε δὲ πυρο[φόρον πέδο]ν ἕρκεσι, μίμνε δὲ βάκτρῳ
πυ]ροβόρων γε̣[ράν]ω̣ν πολεμήιον ἑσμὸν ἐρύκων
ἰλ]α̣δ̣[ὸν ἱ]π̣[ταμ]ένων, τόσσην δ' ἀνεβάλλετο μολπήν
............] θαλύσιον ὕμνον ἀείδων·
...........]πων ἱερὸν γένος· ὡς γὰρ δίω
...........]υκε, τάχ' ἂν μακάρεσσιν ἐρίζοι·
.........]. ήσαιτο, τίς ἂν στάχυν ἁγνὸν ἀέξοι;
.........]. μεγάλῃσιν ἐπ' ἐλπίσιν ἵλαος εἴης
.... πο]λ̣ύολβε, σὺ δ' οὐ μάθες ὄργι̣α̣ δ̣ε̣ι̣ν̣ά
.... δ]εδάηκε .....[...........]εῖψαι
...........] βασίλεια πολύλλ̣ι̣τε, νεῦσον ἰδέσθαι
...........]ροισιν ἐμο̣ὶ̣ [.]....ο̣ς κεν ἀέξοις
ε̣ἰ̣σ̣ι̣δ̣[έειν ....]π̣α καὶ ὥριον ἔργον ἀμάλλης.
τοῖα γέρων μ[έλπ]εσκε· μέλος δ' ἀπαμείβετο νύμφη
ἐγγύθι βουκολέ̣ουσα, λάθεν ⟨δ'⟩ ἄρα θῆλυς ἐοῦσα
ἀνέρος εἷμα φέρουσα καὶ ἄ̣ρ̣σενα δ̣[εσ]μὰ πεδίλων·
πᾶσα μὲν ἐσφήκωτο καλυψαμ[έν]η χρόα πέπλοις
ποιμενίῳ ζωστῆρι περίπλοκος· [ἐ]κ̣ δὲ καρήνου
χαίτην ἀμφιέλισσαν ἀποθλίψασα κομάων
ἀ]ν̣δ̣ρ̣ε̣ίην ἐδίηνεν ὅλην ῥάχιν, οὐδέ μιν αἴγλη
ἑσ]π̣ερίη τ[έρ]σ̣αινεν ἀποστάζουσαν ἐέρσην.
ἡ μὲν ἀλυσ]κάζουσα πάτον κρυμνώδεος ὕλης
ἐς λόφον αἰ]γλήεντα μετήλυθεν, ἠελίῳ δέ
κύ[κλα νι]φοβλήτοιο περιστείλασα χιτῶνος
ἄκρ̣α̣ [...]ων γύμνωσεν ἐς εὐφυέων πτύχα μη[ρῶν.
οὐδ' [ἀγέλης] ἀ̣μέλησεν· ἀλωομένην δὲ τιθήνη[ν

146 *τέ]μνε ... πυρο[φόρον πέδο]ν* Ge || **147** *πυρ]οβόρων* Ge | *γε[ράνω]ν* Ma (et *γε̣* dispexerat Ke[1]) *π̣[τηνῶ]ν* Ra || **148** *ἰλ]α̣δ̣[ὸν ἱπταμ]ένων* Ke[2] *]γ̣ενων* Ge || **150** *Μερό]π̣ων* Ge | *ιερον* ***Π***, con. Ma *ἱερῶν* Ge || **151** *δς φίλος ὔμμι πέφ]υκε* Ar *ἐρίζοι* Ar *εριζει* ***Π*** || **152** *δς δ' ἐπιμωμ]ήσαιτο* Ar || **153** *ἐπ'* nescio quis *ἐφ'* ***Π*** || **154** *Δήμητερ πολ]ύολβε* Ar | *ὄργι̣α̣ δ̣ε̣ινὰ* Ke[1] *ὀργ[ια Κ]ῷα* Ge || **155** *δ]εδάηκε* nescio quis *δ]εδαήκει ε ...* Ho | *ἀμ]εῖ̣ψαι* Ar || **156** *πολύλ[λι]τε* Ge *πολυλ-λ̣ι̣δε* ***Π*** || **157** *]ροισι νεμοντ[* Ge *]ροισιν ἐμὸν* Be | *-ς [ὥ]ς κεν* Ke[2] || **158** *εἰσιδ[έ-ειν ἀμητ]ά* dub. Ke[2] | *[ἔρ]γον* Ge || **159** *μ[έλπ]εσκε* Ge || **160** ⟨*δ'*⟩ add. Ge || **161** *ἄ[ρσ]ενα δ̣[εσ]μὰ* Ge || **162** *ἐσφήκωτο καλυψαμ[έν]η* Ge *εσφηκωντοκαλυ-ψομ[* ***Π*** || **165** *ἀ]ν̣δρείην* Ge cum ***Π***, negavit Ke[1] qui *]ιην* tantum dispexit || **166** *ἑσ]π̣ερίη* Ge *ἑσπ]ερίην* dub. Ma | *τ[έρ]σ̣αινεν* Ke[1] *ἴ[σχ]ναινεν* Ge || **167** *ἡ μὲν* Ke[2] *ἡ δ' ἄρ* Ar | *ἀλυσ]κάζουσα* Ar || **168** *ἐς λόφον* Livrea *γήλοφον αἰ]γλήεντα* Ge || **169** *κύ[κλα νι]φοβλήτοιο* Ge | *χιτῶνος* Ge *χειτωνος* ***Π*** || **170** *ἄκρ[α ποδῶν]* Ma *ἄκρ̣α̣ [μελ]ῶν* Ge *ἀκρ[οτάτ]ων* Ke[2], papyro obstante | *μη[ρῶν* Ge || **171** *[ἀγέ-λης* Ma *[αἰγῶν* Ge | *ἀ]μέλησεν* Ge | *τιθήνη[ν* Ge

κλ.[......]..ευουσα.εṿπ[..........]ουρων
κα..[.......]ομενηνκερ[..............]α
γλακτοφαγωνβλεφεων[......].φ̣[.......]τερησδε
ηκαπ̣ε̣ρ[.]σ̣φιγξασαπολυρρυτοναντυγαμαζων
ηλκεροονγλακοεντακαιωπασεπανιθυηλην
ηδημενφαεθοντοσεφεσπεριησπομαλιμνησ
αιθεριηνκροκεοντεσυπιχνεσινατραπονιπποι
αντυγαμυδαλεηνλιποφεγγεοσελκοναπηνησ
ηεριδηγερεθοντοπαλιννεφελωδεεσαδμοι
εκχθονοσαντελλοντεσαπεκρυπτοντοδεπαντα
τειρεαπουλυθεμεθλακαιουκετιφαινετομηνη
υψιπετησδ᾽ορ...νεμεγασβρονταιοσαη̣τησ
λαβροσεπαιγιζωννεφεωνδ᾽εξεσσυτοδαλοσ
ρηγνυ̣[.]ενωνεκατερθεκαιαλληλοισιχυθεντων
παιδαδενηπιαχονταπατηρεπικολποναειρασ
ουασιχειρασεβαλλενοπωσμηδουπονακουση
υψοθεναλληλοισιναρασσομενωννεφελαων
αιθηρδ᾽εσμαραγησεν[.]ρινομενηδεκαιαυτη
παρθενοσελκεσιπεπλοσεηνεκαλεσσετιθην[
γαιαδεκαρποτοκωνλαγονωνωδινασανεσχ[
αιθερικαινεφεεσσινεπιτρε.....[...]...[
αλλαμοιευμενεοιτεκαιεξελ[
πεμπετεμεσπεισαντεσεφισταμε.[
κουρηνηκαλεειμεβ̣ι̣α̣ζ̣ο̣μ̣ε̣ν̣ο̣σ̣.[
ελκειθηροφονοιοφιλησεπιγουνα.α̣[...]φ.σ
.[....]φιλοιπροσεδεθλοναρειμανεοσπτ̣[..]εμαιου
.[.]θαμε.....κουσιλιβυστιδεσεισετι.[.]υ̣σαι

172 .[, η̣ sive α̣ |]..,littera prior κ̣ vel υ̣ (melius: α̣σ̣ inter se coniunctae), altera γ vel τ̣ || 173 ..[, fortasse λ̣λ̣ (puncta quattuor dispiciuntur) || 192]...[pars summa litt. rotundae, cui insequuntur apex ad laevam vergens et pars superior hastae verticalis || 194 .[, pars inferior hastae vert. || 197 frustulum cum litt. φι, quod in imagine lucis ope expressa servatur, nunc periisse videtur || 198 supersunt pars inf. hastae vert. et sup. diag. sup. litt. κ; pars summa duarum hast. vert.; linea ad dexteram descendentis litt. λ; puncta duo in parte sup. lineae

κλή[ματα μα]ϲτεύουϲαν̣ ἐυπ[τόρθων παλι]ούρων
κα..[.......]ομένην κερ[αελκέα........]α
γλακτοφάγων βρεφέων [......].φ[... θηλυ]τέρης δέ
ἧκα π̣ε̣ρ[ι]ϲφίγξαϲα πολύρρυτον ἄντυγα μαζῶν
εἷλκε ῥόον γλαγόεντα καὶ ὤπαϲε Πανὶ θυηλήν.
ἤδη μὲν Φαέθοντοϲ ἐφ' ἑϲπερίηϲ πόμα λίμνηϲ
αἰθερίην κροτέοντεϲ ὑπ' ἴχνεϲιν ἀτραπὸν ἵπποι
ἄντυγα μυδαλέην λιποφεγγέοϲ ἕλκον ἀπήνηϲ.
ἠέρι δ' ἠγερέθοντο πάλιν νεφελώδεεϲ ἀτμοί
ἐκ χθονὸϲ ἀντέλλοντεϲ, ἀπεκρύπτοντο δὲ πάντα
τείρεα πουλυθέμεθλα καὶ οὐκέτι φαίνετο μήνη.
ὑψιπέτηϲ δ' ὅρμ̣α̣ι̣νε μέγαϲ βρονταῖοϲ ἀήτηϲ
λάβροϲ ἐπαιγίζων, νεφέων δ' ἐξέϲϲυτο δαλόϲ
ῥηγνυ̣[μ]ένων ἑκάτερθε καὶ ἀλλήλοιϲι χυθέντων.
παῖδα δὲ νηπιάχοντα πατὴρ ἐπὶ κόλπον ἀείραϲ
οὔαϲι χεῖραϲ ἔβαλλεν, ὅπωϲ μὴ δοῦπον ἀκούϲῃ
ὑψόθεν ἀλλήλῃϲιν ἀραϲϲομένων νεφελάων.
αἰθὴρ δ' ἐϲμαράγηϲεν, [ὀ]ρινομένη δὲ καὶ αὐτή
παρθένοϲ ἑλκεϲίπεπλοϲ ἑὴν ἐκάλεϲϲε τιθήν[ην.
γαῖα δὲ καρποτόκων λαγόνων ὠδῖναϲ ἀνέϲχ[εν
αἰθέρι καὶ νεφέεϲϲιν ἐπιτρέψ̣α̣ϲ̣α̣ .[...]...[
ἀλλά μοι εὐμενέοιτε καὶ ἐξ ελ[
πέμπετέ με ϲπείϲαντεϲ ἐφιϲταμε̣ν̣[
Κυρήνη καλέει με, β̣ι̣α̣ζ̣ό̣μ̣ε̣ν̣ο̣ϲ δ̣[έ με Φοῖβοϲ
ἕλκει θηροφόνοιο φίληϲ ἐπὶ γούνατ̣α̣ [νύμ]φ̣ηϲ.
δ[εῦτε], φίλοι, πρὸϲ ἕδεθλον ἀρειμανέοϲ Πτ̣[ολ]εμαίου
ἔ̣[ν]θα με κ̣ι̣κ̣λ̣ή̣ϲκουϲι Λιβυϲτίδεϲ εἰϲέτι Μ̣[ο]ῦ̣ϲαι.

172 κλή[ματα μα]ϲτ̣ε̣ύουϲαν̣ dub. Livrea]π̣τ̣εύουϲαν Ke[1]].γεύουϲ̣α̣ν̣ Ge | ἐυ̣π[τόρθων παλι]ούρων Ke[1] ἐμ̣π[Ge εη̣π[Ho | οὐρῶν Ge || 173 κάλ̣λ̣[ει ἀγαλλ]ομένην dub. Livrea καλ̣λ̣[ωπιζ]ο̣μένην Ho, contradicit We | κερ[αελκέα Livrea κε̣ρ[εαλκε Ho || 174 γλακ[τ]ο[φά]γω[ν] Ge* | βρεφέων Ge βλεφεων *Π* | θηλυ]τέρ̣ηϲ δέ Ho ἑ]τέρηϲ δέ Ge || 175 π̣ε̣ρ[ιϲ]φίγξαϲα Ke[1], quod coniecerat Ma ἐπι[ϲ]φ- Ge || 176 εἷλκε Ge ηλκε *Π* | γλαγόεντα Ge γλακοεντα *Π* || 178 κροτέοντεϲ Ge κροκεοντεϲ *Π* || 180 ἀτμοί Ge αδμοι *Π* || 181 ἀπεκρ- Ke[1] ἀποκρ- Ge || 183 ὅρ[μαι]νε μέ[γ]α̣ϲ Ge, at metri causa dub. Ke[2] || 185 ῥ̣ηγν[υμ]ένων Ge || 188 ἀλλήλῃϲιν Ma -λοιϲιν *Π* || 189 [ὀ]ρινομένη ... αὐτ[ή Ge || 190 τιθήν[ην Ge || 191 ἄνεϲχ[εν (sic) Ge || 192 ἐπιτρέψ̣α̣ϲ̣α̣ γ[ενέ]θ̣λ̣η̣[ν Ge || 193 Ἕλ[ληνοϲ ἀρούρηϲ Ge || 194 ἐφιϲτάμε̣ν̣[ον νέῳ ἔργῳ Ge* fortasse ἐπιϲτάμε̣ν̣[ον Livrea, cl. 153 || 195 Κυρήνη Ge κουρηνη *Π* | δ̣[έ με Φοῖβοϲ dub. Ma κ̣[αὶ Ἀπόλλων Ar || 196 [νύμ]φηϲ Ge || 197 δ[εῦτε] ... Πτ̣[ολ]εμαί̣ου Ge || 198 ἔν]θα ... [κικ]λή[ϲ]κουϲι ... [Μο]ῦϲαι Ge | post h. v. carminis finis ornamento indicatur

4

]. . εισтονπατϱικ[. . . .]εαγενηιχθ̣[
. . .]αδοσαγνοναγαλμαθεαγενεσ[
.].πεδονελληνωνθαλεθειπανδ.[. . . . .].β̣.σ̣
. .]διονΰμνοπολουγενεησσκεπασωε̣[.]ι̣πασασ
υβϱεϊγηϱασκωνελικωνανεθηκατομουσασ
αλσοσακηϱασι.[.]ξε̣ν̣ι̣ουδιοσωενιπάντων
.]ασαπολυπλαγκτ.νμεϱοπων[.]μπαυεταιοϱμη
.].ετοσαιγιοχοιοδ̣[.]ο̣σβασιληϊοσοϱνισ
. .]θϱιονηελιοιοβοληνχϱυσαμπυκοσαιγλησ
.]σ̣ευηγενιησεπιμαϱτυϱονοιδεκαλεσσαι
. . .]μανοιδ᾽εφεπουσιθεμιστοπολουποταμοιο
. . .].[.]ν̣αμωμητοιοδικασπολονοιδμαγε[
. . . . .].ηγενιησεπιμαϱτυϱαπασιφυλ̣α̣σ̣σ̣[
. . . . .]ιγαντοφονοιοκυβεϱνητηϱαχοϱειη[
. . . . .]αϱαυτονανακτακαιαιακοναμφιπολ[
. . . . . .]υμετεϱησηγ̣η̣τ̣ο̣ϱασησαποπασα
πασα[. . . . .]χαιϊασεστιγεν̣[
ποιονσ[. . . . .]οσποιηνδε.[. . . .]ων
επταμιτονφοϱμιγγατε̣ασακτεινασα̣εισω
πατϱιδασηνπϱωτηνπαϱελευσομαιευεπιησμεν
χευ̣.αταφωνηεντατεαινεικωσιναθηναι
ενθαγαϱαιγληει̣σανεθηκατομαντισαπολλων
καικιθαϱηνκαιτοξακαιεϱνεαθεσκελαδαφνησ
αλλαοιευϱυτε̣ϱοντιμελοσμετατουτοφυλασσων
σονποθονευκελαδοιοφεϱωνηγητοϱαμολπησ

Tit.]. ., vestigia litt.]ο̣υ̣ dispici nequeunt; ornamenti potius ad titulum adpositi vestigia exstare videntur, cf. quae egimus ZPE 25, 1977, 123 || **2**]., hasta vert. sin. litt. *μ* || **7**]., infima pars hastae vert. || **11**].[, punctum supra lineam || **12**]., pars sup. dextera litt. *υ* || **17** .[, fort. pars laeva hastae horiz. litt. *τ* || **21** ι̣ ex *σ* correctum

4

]. . εἰς τὸν Πατρίκ[ιον Θ]εαγένη Ἰχθ̣[

Ἑλλ]άδος ἁγνὸν ἄγαλμα, Θεάγενες, [ᾧ ἔνι πάντων
ἔ]μ̣πεδον Ἑλλήνων θαλέθει πανδή[μιος ὄ]λ̣β̣ο̣ς,
εὔ]διον ὑμνοπόλου γενεῆς σκέπας, ᾧ ἔ̣[ν]ι̣ πάσας
ὕβρεϊ γηράσκων Ἑλικὼν ἀνεθήκατο Μούσας,
ἄλσος ἀκηράσιο̣[ν] ξε̣ν̣ί̣ου Διός, ᾧ ἔνι πάντων
π]ᾶσα πολυπλάγκτω̣ν μερόπων [ἀ]μπαύεται ὁρμή·
α]ἰ̣ετὸς αἰγιόχοιο Δ̣[ι]ὸ̣ς βασιλήιος ὄρνις
αἴ]θριον ἠελίοιο βολὴν χρυσάμπυκος αἴγλης
ἧ]ς εὐηγενίης ἐπιμάρτυρον οἶδε καλέσσαι,
Γερ]μανοὶ δ' ἐφέπουσι θεμιστοπόλου ποταμοῖο
μάρ]τ̣[υ]ν̣ ἀμωμήτοιο δικασπόλον οἶδμα γε[νέθλης·
σῆς δ' ε]ὐ̣ηγενίης ἐπιμάρτυρα πᾶσι φυλ̣ά̣σ̣σ̣[εις
Ζῆνα γ]ιγαντοφόνοιο κυβερνητῆρα χορείη[ς.
Ζῆνα γ]ὰρ αὐτὸν ἄνακτα καὶ Αἰακὸν ἀμφιπολ[εύεις
φύτλης] ὑμετέρης ἡ̣γ̣ή̣τ̣ο̣ρας, ἧς ἀπὸ πᾶσα
πάσα[ις ἐν πολίεσσιν Ἀ]χαιιάς ἐστι γεν̣[έθλη.
ποῖον σ[. . . . .]ος, ποίην δὲ .[. . . .]ων
ἑπτάμιτον φόρμιγγα τ̣ε̣ὰς ἀκτῖνας ἀ̣είσω;
πατρίδα σὴν πρώτην παρελεύσομαι· εὐεπίης μέν
χεύ̣μ̣ατα φωνήεντα τεαὶ νικῶσιν Ἀθῆναι.
ἔνθα γὰρ αἰγλήεις ἀνεθήκατο μάντις Ἀπόλλων
καὶ κιθάρην καὶ τόξα καὶ ἔρνεα θέσκελα δάφνης.
ἀλλά οἱ εὐρύτε̣ρόν τι μέλος μετὰ τοῦτο φυλάσσω
σὸν πόθον εὐκελάδοιο φέρων ἡγήτορα μολπῆς.

tit. **τοῦ αὐτο]ῦ̣** Ge *Παμπρεπίο]υ* Kö | *πατρίκ[ιο⟨ν⟩ Θ]εαγένη* Ge | *Ἰχθ[ύα* Gd *Ἰχθ[ύος* vel *Ἰχθ[ύονος* Ge *λ̣ο̣[* legisse sibi visus est Ma || **1** *Ἑλλ]άδος* Ge | *[ᾧ ἔνι πάντων* Ma *[ὄφρα τυ ἄρχεις* Ge* || **2** *ἔ]μπεδον* Ge | *πανδή[μιος* Ge *παν̣-δέ[ξιος* Ho | *ὄ]λ̣β̣ο̣ς* Ho *α]ἰ' ὡς* Ge* || **3** *εὔ]διον . . . [ἔν]ι* Ge || **5** *ἀκηράσι[ον]* Ge | *ξε̣ν̣[.]ου* disp. Ke^1, unde *ξεν[ί]ου* Ma *ξεί[νο]υ* Ge || **6** *π]ᾶσα* Ge || **7** *αἰ]ετὸς . . . [Διὸ]ς* Ge || **8** *αἴ]θριον* Ge || **9** *ἧ]ς* Ma *τῆ]ς* Ge || **10** *Γερ]μανοὶ* Ge || **11** *μάρ]-τ̣[υν]* Ge | *γε[νέθλης* Ge || **12** *σῆς δ' εὐ]ηγενίης . . . φυλάσσ[εις* Ge || **13** *Ζῆν]α γιγ-* Ge, at litterae *]αγ* nunc desunt | *χορείη[ς* Ge || **14** *Ζῆνα γ]ὰρ* Ge | *ἀμφι-πολ[εύεις* Ma *ἀμφιπολ[εῖτε* Ge || **15** *φύτλης]* Ge | *ἡ̣γ̣ή̣τ̣ο̣ρας* disp. Ke^1 *[γεννή-το]ρας* Ge || **16** *πάσα[ις ἐν πολίεσσιν* Ho *πᾶσα* Ke^1 Ma *τασα[* Ge | *Ἀ]χαιΐας* (sic) . . . *γεν[έθλη* Ge || **17** *σ[οὶ . . . μέλ]ος* Livrea e. g. | *τ̣[ιταίν]ων* Ma || **18** *τεας* disp. Ho *τιας* Ke^1 Ma *†πασακτεινας* Ge || **20** *χε[ύμ]ατα* Ge | *νεικωσιν* ***Π*** || **21** *ι̣* ex *σ* corr. ***Π*** || **23** *εὐρύτ[ε]ρόν* Ge | *φυλάσσω* Ge *φυλασσων* ***Π***

εκδετεονμελπεινφερο̣μαιγενοσαλλαλιγαινειν
δειμαινωγενεηγαρεμ.νσειρηνακαλυπτεισ
ειμενευφθογγοισινανϋμνεοναλλοναοιδαισ
ανερατιμηενταβοωμενονηταχακενμ[.]ν
.γαθεοισηειθεναριστηεσσινεϊσκων
..]λαδοσευκαματοιοσεδ᾽ελλαδαπασαναειδων
...]ωσσωτινατουτονεν.ρωεσσικαλεσσω
....].ναυδησωτελαμω.[.]οναιμακομιζεισ
.....]πακικλησκωκαιερεχθεαδιονενιψω
.....]οναμφοτερωνγενοσεπλεονεστοραλεξω
.....]ρο.[...]αφερε̣ι.λαπιθηνδεσεκαιεναφαιην
..............]η̣σασαπαρκαδιησσεβοησω
..........]εγονοιολυκαονοσεσγενοσερπεισ
.........].ενταkαιηρακληακαλεσσω
γνησι.[...]τ̣ελλεισπελοπηϊοσαλλοναεισω
μικτιαδ[.]ν̣καιτονδεφερεισηγητοραφυτλη̣σ
αυδησω[.]επλατωναπλατωνιδ̣ο̣σ̣εσσιγενεθλ[
ενσοιπ[.]νταεχεισπαντων[.........]σετυχθ[
....]υηγενιησπροτερηγενησευχοσαεξων
ε.[...]ελεισδεξοιμιτεησκρηδεμ..γενεθλησ
αλαιονποτεκουρονεγειναTοκυσαμενηχθων
τιτηνωνμεγαλοισισυνηβησαντακυδοιμοισ
αζαιοσδιλυκωναγιγαστεκνω̣.[.]τονυμφησ
αντησασεσερωταλυκωνδ[..]ω̣πι̣δ̣ακουρην
ηρωσδηϊανειραναεξομ[...]σδε̣[..]λασγοσ
εισλεχοσευπ̣[..............]ηϊαν[..]ρησ
ζηνοσελευ[......]οφιλο̣σ̣[..]νοσησαπολεκτρων

26 ., hasta verticalis || **31** ., hasta horiz. litt. *η* || **32**]., pars sup. sin. litt. rotundae || **35** ., partes dexterae extremae curvaminis litt. *σ* || **38**]., pars sup. hastae vert. || **47** .[, pars sup. litt. *σ*

ἐκ δὲ τεὸν μέλπειν φέρ̣ομαι γένος· ἀλλὰ λιγαίνειν
δειμαίνω, γενεῇ γὰρ ἐμ̣ὴν σειρῆνα καλύπτεις.
εἰ μὲν ἐυφθόγγοισιν ἀνύμνεον ἄλλον ἀοιδαῖς
ἀνέρα τιμήεντα βοώμενον, ἦ τάχα κέν μ[ι]ν
ἠ̣γαθέοις ἤειδον ἀριστήεσσιν ἐίσκων
Ἑλ]λάδος εὐκαμάτοιο· σὲ δ' Ἑλλάδα πᾶσαν ἀείδων
ἀγν]ώσσω τίνα τοῦτον ἐν ἡρώεσσι καλέσσω.
Αἰακ]ὸ̣ν αὐδήσω; Τελαμών̣[ι]ον αἷμα κομίζεις.
Κέκρο]πα κικλήσκω καὶ Ἐρεχθέα δῖον ἐνίψω;
γνήσι]ον ἀμφοτέρων γένος ἔπλεο. Νέστορα λέξω;
Νέστο]ρο̣ς̣ [αἷμ]α φέρ̣ε̣ι̣ς. Λαπίθην δέ σε Καινέα φαίην;
Καινέος ἐκβλάστ]ῃ̣σας. ἀπ' Ἀρκαδίης σε βοήσω;
Ἀρκάδος ἀρχ]εγόνοιο Λυκάονος ἐς γένος ἕρπεις.
. . . .]ή̣εντα καὶ Ἡρακλῆα καλέσσω;
γνήσιο̣[ς ἀν]τ̣έλλεις Πελοπήιος. ἄλλον ἀείσω
Μιλτιάδ[η]ν̣; καὶ τόνδε φέρεις ἡγήτορα φύτλ̣ης.
αὐδήσω [σ]ε Πλάτωνα; Πλατωνίδ̣ο̣ς ἐσσὶ γενέθλ[ης.
ἓν σοι π[ά]ντα⟨ς⟩ ἔχεις, πάντων̣ [. . . . .]ς ἐτύχθ[ης,
σῆς ε]ὐηγενίης προτερηγενὲς εὖχος ἀέξων.
εἰ̣ [δ' ἐθ]έλεις, δε⟨ί⟩ξοιμι τεῆς κρήδεμ̣ν̣α̣ γενέθλης·
Ἄζειόν ποτε κοῦρον ἐγείνατο κυσαμένη χθὼν
Τιτήνων μεγάλοισι συνηβήσαντα κυδοιμοῖς.
Ἀζειὸς δὲ Λύκωνα γίγας τεκνώ̣σ̣[α]το νύμφης
ἀντήσας ἐς ἔρωτα, Λύκων δ' [εὐ]ῶ̣πι̣δ̣α κούρην
ἥρως Δηιάνειραν. ἀεξομ[ένη]ς δὲ̣ [Πε]λασγός
εἰς λέχος εὐπ̣[οίητον ἐπήλυθε Δ]ηιαν[εί]ρης
Ζηνὸς ἐλευ[θερίοι]ο φίλο̣ς̣ [γό]νος, ἧς ἀπὸ λέκτρων

25 *φέ[ρο]μαι* Ge ‖ **26** *ἐμ[ὴ]ν σειρῆν[α]* Ge ‖ **28** *μ[ι]ν* Ge ‖ **29** *[ἠ]γαθέοις* Ge | *ἤειδον* Ar *ηειθεν* ***Π*** *ἦ εἶτεν* Ge* ‖ **30** *Ἑλ]λάδος* Ge ‖ **31** *ἀγν]ώσσω . . . [ἡ]ρώεσσι* Ge ‖ **32** *Αἰακὸ]ν* Ma *Αἴα]ν* Ge* | *Τελαμώ[νι]ον αἷμ[α]* Ge ‖ **33** *Κέκρο]πα* Ge ‖ **34** *γνήσι]ον* Ke[2] *νείατ]ον* Ge ‖ **35** *Νέστο]ρο[ς αἷμ]α φέ[ρε]ι[ς]* Ge | *Καινέα* Ge *καιενα* ***Π*** ‖ **36** *Καινέος ἐκβλάστ]ησας* Wi[1] ‖ **37** *Ἀρκάδος ἀρχ]εγόνοιο* Ke[1] *]ε τόκοιο* Ge ‖ **38** *Θησέα* Ge *Ἀτρέα σ'* Ho | *κυδή]εντα* Gd *ἀλκή]εντα* Ho ‖ **39** *γνήσι[ος ἀντ]έλλεις* Ge ‖ **40** *Μιλτιάδ[η]ν* Ge *μικτιαδ[.]ν̣* ***Π*** | *φύτλ[η]ς* Ge ‖ **41** *[σ]ε . . . γενέθλ[ης* Ge ‖ **42** *π[ά]ντα⟨ς⟩* Ma *π[.]ντα* ***Π*** | *[μέρος αὐτὸ]ς ἐτύχθ[ης* Ge ‖ **43** *σῆς ε]ὐηγενίης* Ge | *-νὲς* Ge *νης* ***Π*** ‖ **44** *[δ' ἐθέ]λεις* Ge | *δε⟨ί⟩ξοιμι* Ma *δεξοιμι* ***Π*** *λέξαιμι* Ar | *κρήδεμ[να]* Ge ‖ **45** *Ἀζειόν* Ge *αλαιον* ***Π*** ‖ **47** *Ἀζειὸς δὲ* Ge *αζαιοσδι* ***Π*** | *τεκνώ[σα]το* Ge ‖ **48** *[εὐ]ῶπιδα* Ke[1] *[εὐέ]λ̣π̣ι̣δ̣α* Ge ‖ **49** *ἀεξομ[ένη]ς* Ar | *[Πε]λασγός* Ge ‖ **50** *εὐ[ποίητον ἐπήλυθε Δ]ηιαν[εί]ρης* Ge *εὔ[στρωτόν ποτ' ἀνήιε* Pa ‖ **51** *ἐλευ[θερίοι]ο . . . [γό]νος* Ge

α[.]καδιησẹ[.....]ελυκαοναποιμεναγαιησ
...]αροκ[..........]δεμνιονευπατερειησ
...]ων[...........]ναπηυτοκοιοδενυμφ[
................]οσκικλησκετοβουṿοσ
ασι.[..............]οναρηϊφιλοσδεκροτω̣π̣[
υϊαφ[..............]οημεṿ[.]νελλαδιγαιησ

56 .[, infima pars hastae vert. | *ω̣π̣*, pars dextera litt. *ω* et sinistra litt. *π*

Ἀ[ρ]καδίης ἐ̣[φύτευσ]ε Λυκάονα ποιμένα γαίης.
αὐτ]ὰρ ὁ κ[. . . . .] δέμνιον εὐπατερείης
. . .]ων[. . . . .]ν· ἀπ᾽ ἠυτόκοιο δὲ νύμφ[ης
. . . .]ος κικλήσκετο Βοῦν̣ος
ασι.[. . . . .]ον, ἀρηίφιλος δὲ Κρότῳ̣π̣[ος
υἷα φ[ίλον Ψαμάθης, βεβ]οημέν̣[ο]ν Ἑλλάδι γαίῃ

52 *Ἀ[ρ]καδίης ἐ[φύτευσ]ε* Ge || **53** *αὐτ]ὰρ ὁ* Livrea || **54** *]ω̣ν̣[* Ke[1] *Κ]υλλ[ήνης* Ge | *νύμφ[ης* Ge || **55** *Βοῦν̣ο̣ς* Ke[1]Ma *Βοῦλ̣λ̣ος* Ge || **56** *Κροτῳ̣π̣[* disp. Ho et Ke[1], qui *Κρότῳ̣π̣[ον* proposuit *Κροτῳ̣π̣[ός* dub. Ma *Κροτη̣τ[* Ge || **57** *υἷα φ[ίλον Ψαμάθης* Livrea *υἷα φ[ύτευσεν* dub. Ho *ὕια τ[* (sic) Ge | *βεβ]οημέν̣[ο]ν* Ke[1] *]σ̣ήμερ̣[ο]ν* Ge *ὑπερπ]οθημέν[ο]ν* dub. Ho | *γαίῃ* Ho *γαιης* **Π** || encomium, quod integrum non est, hic explicit; in papyro paginam explent Gregorii Naz. epp. LXXX et XC

ADDENDA

p. 11, app. ad 1 v 14: **14** *οὐ . . . στε]ρεῇσιν* Livrea | *ἀκουαῖς* disp. Ke[1] *κόραις* Ge*
p. 13, app. ad 1 r 17: *κηδεμονή[ων* Ke[1] *κηδεμονή[σας* Ge
app. ad 1 r 18: *τοῖς[* Ge *τοιγ[ὰρ* Ca
p. 25, app. ad 3, 106–107: **106** *π[ολλή* Ge || **107** *εἰ]ς* Ge | *ὀρν[υμέν]η* Ar | *ῥ̣ε-[έθροις* Ke[1] *ῥ̣έ[ουσα* Ge*
app. ad 3, 108: | *[νύμφη* Wi[1]
app. ad 3, 109: *Ἀδ[ρυάδεσσιν ἐριδμ]α̣ί̣νειν ἐνὶ μύ̣[θοις* Wi[1]
p. 27, app. ad 3, 133: **133** *ιχνια* **Π** *ἰσχία* Ma

SVBSIDIA INTERPRETATIONIS

1 v 1 H. Cer. 358 Διὸς βασιλῆος ἐφετμῆς, et cf. Ap. Rh. 1, 279; 2, 615; 3, 390; Paul. Sil. S. Soph. 706 | vocabulum e tribus vel pluribus syllabis constans extremo versus loco oxytonum apud Nonn. excluditur: repugnant hic 1 v 3. 5; 1 r 15. 19 || 2 Nonn. D. 48, 295 φήμης οὐκ ἐτύχησα καὶ ἐλπίδος, Agath. A. P. 11, 372, 1 = 98, 1 Viansino ἀδερκέι σύμπνοον αὔρῃ, Prisc. Laud. Anast. 231 – 232 ingenuos relevas occulte munera praestans; namque cupis superi te cernere lumine solo || 3 sqq. ἔδεκτο (3), ἀλάπαξε (5), ἐδίδασκεν (9) non ad imperatorem pertinere, sed potius ad magistrum militum per Orientem Iohannem Scytham (Theoph. 5976 – 5977, Ioh. Ant. fr. 214, 4 Müller = FHG IV 620 = Exc. de ins. 166, 15 – 16 De Boor) contendit McCail | α 328, ϑ 498, H. Merc. 442 ϑέσπιν ἀοιδήν || 4 ἀνιχνεύω e. g. Χ 192, Lycophr. 824, Nic. Th. 142, Nonn. D. 29, 375, P. 18, 28, Agath. A. P. 5, 302, 18 = 54, 18 Viansino || 5 Λ 503 νέων δ' ἀλάπαζε φάλαγγας. hic λέων = ὡς λέων, vd. Fraenkel ad Aesch. Ag. 393. ad comparationem imperatoris cum leone refert Viljamaa cl. Prisc. Laud. Anast. 67 sqq. (leonem imperator prosternit ap. Pancr. XV 2 Heitsch[2]), at verba non ad βασιλέα, sed ad eius ducem spectare vidit McCail cl. ad καλιάς Ioh. Ant. fr. 206, 2 Müller = FHG IV 617 τοῦτον (sc. castrum Papirii) πρῶτος νέων ἐφώλευε || 6 [Opp.] Cyn. 4, 147 ἔστι δέ τις ϑήρης τρίτατος νόμος Αἰϑιοπήων | μόνος, i. e. sublato Theoderici magistri militum per Orientem auxilio, qui in suspicionem Zenonis venerat, cf. Ioh. Ant. fr. 214, 4 Müller = FHG IV 620 || 7 Nonn. D. 4, 170 ἤλασεν . . . Ἄρης ἐγκύμονα Λητώ, 14, 295 ὕβριν ἐλαύνων ἀνδρῶν κυανέων, P. 7, 29 = 16, 108 ἀμπλακίης ἐγκύμονα, 8, 59 δυσσεβίης ἐγκύμονες, Q. S. 9, 83 δυσμενέων ἀλεγεινὸν . . . λαὸν ἐλάσσῃ || 8 speluncam prope Papirii castrum exstitisse docet Gottwald, ByzZ 36, 1936, p. 88 sqq.; cf. Ioh. Ant. fr. 214, 4 Müller = FHG IV 620 τοὺς λοιποὺς (sc. Illi milites) ἐν τοῖς ἄντροις ἀπεχώρησαν, ἃ πολλαχοῦ τῇ φύσει τῶν τόπων εἴργαστο | Σ 145 αἱ δ' ὑπὸ κῦμα ϑαλάσσης αὐτίκ'

ἔδυσαν, Opp. Hal. 2, 249 δῦσαι φωλειοῖο μυχὸν κατὰ πετρήεντα, [Opp.] Cyn. 1, 130 ὑπὸ σπήλυγγα, Nonn. D. 2, 142 δύνουσιν ὑπὸ χθόνα, 20, 355 ἔσω δύνοντα πολυφλοίσβοιο μελάθρου, 31, 17 δύσβατον ἄντρον ἔδυνε, 38, 5 δεδυκότες εἰς σπέος, 2, 451 σπήλυγγας ἐναύλων, 43, 311 ὑπὸ σπήλυγγα Καβείρων, Anon. XXXVI recto a 3 Heitsch[2] μ̣[έσ]ω̣ν δ' ὑπέδυνε βερέθρων || 9 obsidio castri Papirii quattuor per annos producitur; de mortibus Verinae imperatricis, Marsi, Pamprepii, Arethusae Illi filiae cf. Keydell, RE 18, 3 (1949), 413–414 | Ο 365 πολὺν κάματον καὶ ὀιζύν, Ξ 89 ὀιζύομεν κακὰ πολλά, δ 152 = ψ 307 ὀιζύσας ἐμόγησεν, Hes. Op. 177–178 ὀιζύος ... χαλεπὰς μερίμνας, Tryphiod. 196 ὀιζυρῆς ὑπ' ἀνάγκης || 10 Ioh. Ant. fr. 214, 10 Müller = FHG V 28 de Illo et Leontio πολλὰ πρὸς τὸ θεῖον σὺν δάκρυσιν ἀπειπόντας καὶ τὰς χεῖρας εἰς τὸν οὐρανὸν ἀνατείναντας | ποινήτειρα ap. Nonnum deest, cf. Tzetz. Posthom. 35 εὐχετόωντο...Ἕκτορος ἐσθλοῦ ποινήτειραν τήνδε γενέσθαι, Nonn. D. 36, 142 ἀλεξήτειραν ἀνάγκην || 11 ad publicationem bonorum Illi eiusque sociorum post caedem refert McCail cl. Ioh. Ant. fr. 214, 12 Müller = FHG V 28 || 12 ἑλώριον eodem vs. loco Ap. Rh. 2, 264, Agath. A. P. 9, 154, 3 || 13sqq. de imperatoris clementia laudanda cf. Men. Rh. 3 p. 374, 25sqq. Spengel | ad ἐλέγχειν 'certamine vincere' cf. Pind. P. 11, 49, Call. fr. 84 Pfeiffer, D. P. 750, Nonn. D. 1, 42 || 14 Prisc. Laud. Anast. 183 et faciles precibus populorum praebuit aures; ἀκουαῖς in eadem vs. sede Call. fr. 43, 16 Pfeiffer, Nonn. D. 1, 413 al., P. 5, 151 al. || 15 Zeno parcit vitae Asteriae, Illi coniugis, et Theclae, Illi filiae, cf. Ioh. Ant. fr. 214, 11 Müller = FHG V 28 | ἀπελύσαο δεσμῶν cf. Nonn. D. 21, 66; cf. etiam Α 401 ὑπελύσαο δεσμῶν, Q. S. 2, 442 ὑπελύσατο δεσμῶν, Nonn. D. 26, 140 ἀνελύσατο δεσμῶν || 17 τὰ κατὰ τὴν εἰρήνην fortasse canit poeta, quibus δικαιοσύνη sive φιλανθρωπία, σωφροσύνη et φρόνησις continentur (Men. Rh. 3 p. 375, 6 Spengel) | cf. 4, 23, nec non Verg. Ecl. 4, 1 paulo maiora canamus, Nonn. P. 14, 52 καὶ τούτων πολὺ μᾶλλον ὑπέρτερα θαύματα ῥέξει, Anon. XXVIII 35 Heitsch[2] ἀλλὰ τὰ μὲν μολπῇσιν ἐν εὐρυτέρῃσιν ἀείσω. eadem sede ἀείσω in prooemiis, e. g. Call. Dian. 186, Del. 1, Cleanth. Iov. 6, Nonn. D. 1, 29; 25, 6 || 18 Q. S. 6, 16 νῦν δέ μοι ἀλλήκτους ὀδύνας ἐπεθήκατο δαίμων, [Orph.] fr. 158 Kern τῷ δὲ Δίκη πολύποινος ἐφέσπετο πᾶσιν ἀρωγός, Nonn. D. 35, 390 εἰν ἑνὶ πᾶσιν ἀρήξω || 19 Prisc. Laud. Anast. 239sqq. | Nonn. P. 1, 148; 18, 73 ἔσω θεο-

δέγμονος αὐλῆς, 18, 77 *ἔσω πολυχανδέος αὐλῆς*, D. 18, 62 *βασιλήιος αὐλή*, 3, 125 *βασιλῆος . . . αὐλή* || 20 legatos Odoacris nec non Iulii Nepotis ad Zenonem pervenisse a. 476 compertum habemus e Malch. fr. 10 Müller = FHG IV 119; vd. Lippold, RE 10 A, c. 166 | *Αὐσονιήων* eodem vs. loco D. P. 333. 467, Anon. XXII 1 verso 8, XXXIV 1 Heitsch[2], Nonn. D. 3, 199, P. 11, 196 *καὶ ἀνέρες Αὐσονιῆες* || 21 ad *τόπον* encomii cf. Prisc. Laud. Anast. 249 sqq. quos doctrina potens et sudor musicus auget, . . . adsumis socios . . . muneribus ditans et pascens mente benigna.—ceterum poetas Pamprepium, Pelagium, Panolbium et Aetherium apud Zenonem floruisse memorat Al. Cameron, Historia 14, 1965, p. 505 – 507 | ad *δέ τε* vd. Denniston, GP, p. 528 | Anon. XXX A verso 20 Heitsch[2] *παῖδες ζωγράφων*; plura collegit McCail || 22 Ap. Rh. 3, 377 *ἐμῆς ἥψασθε τραπέζης*, Nonn. D. 26, 374 *μιῆς ἥπτοντο τραπέζης*, 40, 237 *μιῆς ἥψαντο τραπέζης*, 48, 975 *μιῆς ἔψαυσε τραπέζης* || 23 christianam sapit fidem, cf. Nonn. P. 14, 20 *ζωὴ ἀληθείη τε καὶ ὄρθιός εἰμι πορείη*, Procl. H. 2, 19 *ἐμὴν βιότοιο πορείην*, 6, 4 *ἐμοῦ βιότοιο πορείην*, Paul. Sil. S. Soph. 145 *βασιλῆα φερέσβιον* || 25 Theocr. 17, 115 – 116 *Μουσάων δ' ὑποφῆται ἀείδοντι Πτολεμαῖον ἀντ' εὐεργεσίης*

1 r 4 si de Anastasio agitur, cf. Prisc. Laud. Anast. 153 argenti relevans atque auri pondere mundum (de chrysargyri vectigalibus sublatis), nec non Euagr. 3, 39, Cedren. 357 – 358 || 5 Agath. A. P. 4, 3 B 103 *σοὶ γὰρ ἐγὼ τὸν ἄεθλον ἐμόχθεον* || 6 de Longino Zenonis fratre, magistro militum praesentali et consule annis 486 et 490, cogitat McCail; at possis ad Paulum Anastasii fratrem referre || 7 ad Diogenem illum refert McCail, qui comitis scholarum muneribus functus a. 493 – 494 bellum contra Isauricos duxit || 8 de rebus Aegyptiis sub Zenone vd. Lippold, c. 199, 36 – 42; fortasse Henoticon a. 482 emissum respicitur. Heraclium Zenonis ducem bellum intra Aegyptii fines gessisse docent fr. XXXIV Heitsch[2] (de quo vd. Keydell, Byz. Neugr. Jb. 12, 1936, p. 9), Procop. 3, 6, 9 – 11, Theoph. 5963 | [Opp.] Cyn. 2, 377 *πυμάτης ἐν τέρμασι Κρήτης*, D. P. 219 *πυμάτης παρὰ τέμπεα Κέρνης* || 9 Procop. Gaz. Pan. 22 p. 14, 17 – 18 Kempen *καὶ διὰ τὸν σὸν ἔννομον φόβον δίκαια μὲν τὰ συμβόλαια, σώφρονες δὲ τοῖς ὑπηκόοις οἱ γάμοι*, Anon. XXVIII verso 33 Heitsch[2] *φαίνων εὐνομίης ἱερὸν φάος*, Prisc. Laud. Anast. 191 – 192; 252 – 255 | ad *ἔαρ* cf. Antip.

Sid. A. P. 7, 29, 3 = XVI 272 Gow-Page, Iul. Aeg. A. P. 7, 601, 1, Anon. 7, 12, 1; vd. etiam L. Robert, Hellenica 4, Paris 1948, p. 18sqq.; 97sqq. ‖ **10** Coll. 321 *τὴν δὲ δολοφροσύνης, κενεῶν θρέπτειραν ὀνείρων* ‖ **11** *κατέθλασε* vox Biblica, LXX Ps. 41, 11, Is. 63, 3, Epiph. Haer. 29, 9; 48, 15 | si de Longino agitur, ut contendit McCail, fortasse bellum contra Tzanos describitur a. 488–489 actum; cf. Procop. Goth. 4, 3, 15–17, Aed. 3, 6, 23 ‖ **12** ad Isauricos refert Viljamaa, p. 56, cl. Prisc. Laud. Anast. 65sqq., Procop. Gaz. Pan. 8–10, Christod. A. P. 2, 398–406 | ad *ἔνθα μὲν . . . ἔνθα δέ* cf. Coll. 237–239 ‖ **13** *χρυσοχίτων* Pind. fr. 195 Snell-Maehler, Phil. Thess. A. P. 6, 102, 6 = XVII 2746 Gow-Page, Pisand. fr. 17 Heitsch, Orph. Lith. 715, Paul. Sil. S. Soph. 156. 599 | de Zenonis bello in Armenios Illi socios cf. Proc. Aed. 3, 1, 22 *χιτὼν ἐκ μετάξης ἐγκαλλωπίσμασι χρυσοῖς πανταχόθεν ὡραϊσμένος ἃ δὴ νενομίκασι πλούμια καλεῖν*, Agath. Hist. 3, 15, 2 *χιτώνιον ποδῆρες ὑπόχρυσον* ubi satraporum Armeniae tunica describitur (McCail). ceterum de Armenia a Zenone subducta vd. Lippold, c. 191 | *ὑπόπτερος* = summa cum celeritate ‖ **14** Nonn. D. 20, 51 *αὐχένα γαῦρον ἔχοντα κατ' οὐρανὸν Ἄρεα φεύγω*. ad *αὐχένα γαῦρον* cf. Livrea ad Ap. Rh. 4, 1606; de Achaemenidis Christod. A. P. 2, 389 | Anastasii bellum contra Persarum regem Coaden (a. 502–506) fortasse respicitur, de quo Procop. Pers. 1, 7–10, Euagr. 3, 37, Malal. 398, 11, nec non Stein, Bas-Empire 2, p. 92–101. at Zenonem subaudiendum censet McCail cl. Stein, p. 64[4] et Lippold, c. 183 ‖ **15** *τοῖος ἐών* Ap. Rh. 2, 470, Coll. 110 (v. l.) sine *οἷος* abs. dictum | *Γ* 179 *ἀμφότερον βασιλεύς τ' ἀγαθός κρατερός τ' αἰχμητής* laudant Lib. Paneg. Const. et Const. 4, 268 Foerster, Diod. Sic. 24, 5, 2, Zosim. 3, 34, 7, Plut. Mor. 1, 331; Tryphiod. 526 *κρατεροί τε μαχηταί*. vocabulum oxytonum ante caesuram masculinam et trisyllabum in exitu versus ex imitatione Homeri excusationem habet, vd. ad 1r 17 ‖ **16** *σαοφροσύνῃσι* eadem vs. sede *ψ* 30, Opp. Hal. 3, 359 | ad rem non faciunt Ap. Rh. 2, 504, Sext. Emp. Math. 6, 26, Nonn. D. 24, 46 quibus *νύμφην* fulcit McCail; cf. potius A. P. 1, 10, 43 *ἑῆς κοσμήτορα Ῥώμης*, A. Pl. 62, 2 *σῆς Ῥώμης* ‖ **17** Ap. Rh. 1, 271 *ἦ οὐκ εἰσιν ἔτ' ἄλλοι κηδεμονῆες*, Anonym. XXXVI verso a 9–10 Heitsch[2] *σεῖο δὲ π]άτρῃ δεύετο νόσφιν ἐόντος*, 17 *πατρὶς δ' ἔτι σεῖο χατίζει* ‖ **18** de reditu Zenonis post Marciani usurpationem agitur, vd. Lippold,

c. 175. iam Basilisci temporibus (a. 475–476) Zenonem se fugae mandasse compertum habemus ex Ioh. Ant. fr. 210 Müller, Euagr. 3, 3, Vit. Dan. Styl. 36, Theoph. 5967, Malal. 377. hic reditus imperatoris cum Ulixis illo comparatur | *τοῖς* fortasse cum *ἐπιδήμιον* iungendum, cf. Syn. Hymn. 8, 14 *ἐπίδημος ἐφαμέροις* | *ἴχνος ἐρείσας* = Nonn. D. 10, 151, P. 5, 31; huc faciunt P. 12, 36 *ἔνθεον ἴχνος ἔχων ἐπιδήμιον* et 21, 21 *ἴχνος . . . ἐπιδήμιον* || 19 fortasse encomii *σύγκρισις* exstat | Nonn. P. 9, 65 *ἐξαπίνης φάος εἶδον, ὃ μὴ πάρος εἶχον ὀπωπαί*, Mus. 268 *νυμφίε, πολλὰ μογήσας ἃ μὴ πάθε νυμφίος ἄλλος*, et Anonym. A. P. 9, 460, 1, Suppl. Epigr. 8, 1937, 281 p. 43 || 21 *εἰ καί* vs. initio Ap. Rh. 1, 814; 2, 342, Nonn. P. 8, 11 || 22 Marciani seditio fortasse respicitur (a. 479), de qua vd. Lippold, c. 175 | *χθιζόν* eadem sede *Τ* 195, *δ* 656, Coll. 372. 383 || 23 *ὠλεσίπατρις* semel dictum | Aesch. Sept. 1075–1076 *ὅδε Καδμείων ἤρυξε πόλιν μὴ 'νατραπῆναι* || 24 *περιζωσθεῖσα* eodem vs. loco Nonn. D. 41, 268 || 25 Nonn. D. 33, 143; 41, 402 *γαληνιόωντι προσώπῳ*, P. 1, 160 *γαληναίῳ δὲ προσώπῳ*; Nonn. D. 20, 280 contulit McCail, *γαλήνην* pacem ab imperatore impositam ratus || 26 Nonn. D. 21, 161 *ἵνα μή τις ἀγηνορέων βροτὸς ἀνήρ*. hic *αἰζήιος* = Marcianus, a. 455–457 natus (McCail); potius de imperatoris salvatore dicitur || 27 verbi *σῴζειν* in panegyricis exempla profert Al. Cameron, CQ 20, 1970, p. 126; Q. S. 11, 438–439 *λιλαιομένων ἀνὰ θυμὸν . . . σαῶσαι* | Nonn. D. 47, 116 *φονίῳ . . . οἴστρῳ* || 28 *λ* 383, Ap. Rh. 4, 1005 *στονόεσσαν ἀυτήν*, et cf. *Υ* 379, Nonn. D. 13, 91.459; 28, 303 | Nonn. D. 14, 248 (*ὅτε*) . . . *ἐδύσατο κόσμον ἐννοῦς*, 36, 133 *ἔμφυλον ἐννώ*, 29, 47 *οἰστρήεις . . . ἐδύσατο μᾶλλον ἐννώ* || 29 Coll. 185 *ἁρμονίης ἀδίδακτος, ὁμοφροσύνης ἀδαήμων*, Nonn. D. 13, 3 *δίκης ἀδίδακτον*, 20 *εὐσεβίης ἀδίδακτον* | Nonn. D. 4, 451; 36, 281 *ἄορι τύψας* || 30 in Anastasium ipsum imperatorem lapidem inter Prasinorum tumultum emissum esse a. 498 comperimus e Malal. 16, p. 384 Bekker, Chron. Pasch. p. 608 (Viljamaa, p. 56–57). cf. etiam Procop. Gaz. Pan. 21, p. 13, 30 Kempen et Stein, Bas-Empire 2, p. 81. quae omnia ad Zenonem spectare videntur, vd. Al. Cameron, Porphyrius the Charioteer, Oxford 1973, p. 233 et cf. Ioh. Ant. fr. 211, 3 = FHG IV 619 *καὶ ὁ τῆς πόλεως ὅμιλος ἐκ τῶν δωμάτων διὰ πάσης ὕλης ἐχώρει κατὰ τῶν ὑπὲρ τοῦ βασιλέως ἀγωνιζομένων* | *λᾶας* acc. plur. Opp. H. 3, 417. 422, Maneth. 6, 417, Nonn. P. 8, 188; 10, 109 | ad *ἐθήμονα* vd. Kost ad

Mus. 312 ‖ 30 *ξεῖνον ἄθυρμα* ad equum ligneum perperam refert Viljamaa, p. 104

2, 1 Anonym. A. P. 1, 10, 43 *Κωνσταντῖνον, ἑῆς κοσμήτορα Ῥώμης* ‖ 2 non est praefectus praetorio Anastasii (Heitsch), sed magnus imperator in comparatione quadam adductus, cf. Anonym. A. P. 1, 10, 71 *πολύφρονα Κωνσταντῖνον* ‖ 3 ad *τόσσον . . . ὅσσον* cf. Theocr. 17, 66, Paul. Sil. S. Soph. 153–154 ‖ 4 *Φοῖβος Ἀπόλλων* Hom. passim, Theocr. 17, 67, Tryphiod. 509, Nonn. D. 48, 708 ‖ 9 *εἰσόκεν* A. P. 1, 10, 41, Nonn. P. 8, 156; 10, 101

3, 1 De prologis iambicis vd. quae collegerunt Schissel, c. 1073sqq. et Viljamaa, p. 68–97; adde A. Stock, De prolaliarum usu rhetorico, Regimonti 1911 et Al. Cameron, Pap. Ant. III. 115 and the Iambic Prologue in Late Greek Poetry, CQ 20, 1970, p. 119–129. conferendi sunt Agath. Praef. 1–46, Paul. Sil. S. Soph. 1–134, Amb. 1–29, Ioh. Gaz. 1, 1–25, Enc. Max. b (XXVIII Heitsch[2]), Laud. Ber. (XXX. XXXI Heitsch[2]) 1, 1–32; 2, 1–24, PSI 149 (XXXIII Heitsch[2]) 1–17, Diosc. 3, 1–23; 5, 40–62; 12 A Heitsch[2] ‖ 2 Ioh. Gaz. 1, 1 *ἆρ' ἔστι συγγενές τι μόχθος καὶ λόγος*, 7–8 *καὶ δηγμὸς εὐθὺς ἐμπεσὼν μελῳδίας ἔκλυζε τὸν νοῦν τῷ σάλῳ τῆς φροντίδος*, Agath. Praef. 5–7 *λόγων γὰρ ἡμῖν πολυτελῶν καὶ ποικίλων πολλοὶ προθέντες παμμιγεῖς εὐωχίας περιφρονεῖν πείθουσι τῶν εἰθισμένων*, Paul. Sil. Amb. 19–20 *ὅς πᾶσι σεμνὴν ἐμβαλὼν εὐθυμίαν πᾶσαν κεκίνηκε λογικὴν ἀηδόνα*, Choric. Dial. 1, p. 1, 8–13 Förster-Richtsteig *ἄγετε οὖν, ὦ λόγοι, . . . νῦν ἥκετε μᾶλλον ἐστεφανωμένοι . . . καὶ ποικίλην παραθήσοντες εὐωχίαν*, 14, p. 281, 21–22 *ἄγετε οὖν, ὦ λόγοι, ἑτέραν τινὰ καὶ ἡμεῖς βαδίσωμεν ἀσμάτων ὁδόν*. – hic *λόγοι* non plausus, ut Gerstinger contendit, sed verba esse videntur, quae poetarum mentem comprehendunt eosque ad cantum et narrationem inducunt: cf. ex. gr. Ioh. Gaz. 1, 21; 2, 4, Epib. 12, Paul. Sil. S. Soph. 69. 90. 109, Amb. 5, Agath. A. P. 4, 3, 2. 5. 13. 46 al., nec non Anonym. (fort. Coll.) Anacr. 3, p. 362–364 Bergk 42–44 *λογικαὶ πάρεισι Μοῦσαι· στέφος ἐκ λόγων κρατοῦσαι λογικοὺς στέφουσι πάντας*. vd. Norden, Kunstprosa 1, p. 375sqq.; Friedländer, p. 165; Viljamaa, p. 77 ‖ 3 ad *ποικίλον* vd. quae collegit Viljamaa, p. 79 ‖ 4 *αὔξησις ὑποθέσεως*: vd. Choric. 3, p. 48, 4–5 Förster-Richtsteig, Procop. Gaz. Pan. 1, p. 1, 5sqq.; 2, 9sqq. Kempen, Men. Rh. 3, p. 369, 7–13 Spengel | audaciae excusationem in rerum difficultate inveniunt poetae et ap. Agath. Praef. 35–36 *θαρρῶν γὰρ αὐτοῖς λιτὸν οἴκοθεν μέρος καὐτὸς παρέμιξα*, Laud. Ber. (XXX Heitsch²) 1, 28–30 *φθόνος γὰρ οὐδείς, φησί που Δημοσθένης ἐκ τοῦ παλαιοῦ συγγραφέως ἀποσπάσας, πρὸς τοὺς θανόντας τοῖς ἔτι ζῶσιν τέως*, Ioh. Gaz. 1, 24–25 *ἐγὼ γὰρ ἦλθον οὐ γραφεὺς τῆς εἰκόνος, μηδέν τι τολμῶν, ἀλλὰ τὴν τόλμαν φράσων*, Paul. Sil. S. Soph. 99–103 *ἐγὼ δὲ ταῦτα τοῦτον εἶναι τὸν τρόπον οὐκ ἂν ἀποφαίην· πρὸς δὲ τὸν σκοπὸν βλέπων, ὃς παμμέγιστος οὐκ ἔχων θ' ὑπερβολήν, δέδοικα τὴν ἀγωνίαν, θαρρεῖν δ' ὁμῶς ἐξ ὧν ἐδεδίειν πρότερον αὖθις ἄρχομαι*, Anacr. 3, p. 362–364 Bergk 33–36 *θρασὺς ὡς νέος προῆλθον νόμον* (corr. Bergk: *νόον* ms) *Ὀρφέως λιγαίνων Φαέθοντι φῶς κομίζων, ὅτε σοι λόγους κομίζω*, 47–50 *δότε μοι, φίλοι, τὸ θάρσος· ὁ λόγων ἔρως γὰρ ἄρτι κραδίην ἐμὴν προσῆγε σοφίης φίλον γεραίρειν*. ad hanc canendi audaciam cf. Ioh. Gaz. Anacr. 2, 1–2 *ὁ λόγος στρατηγικὴν λαβὼν ἐξουσίαν, θαρρῶν πρόεισι τῷ στρατηγῷ συντρέχων*, Paul. Sil. S. Soph. 66–70 *πρὸς δὲ τὸν νεὼν ἤδη βαδίζειν βουλομένοις θαρρεῖν δίδου. ἔστω δὲ τῶν σῶν καὶ τὸ δήπου θαυμάτων, λόγους φανῆναι πρᾶγμα τολμῶντας φράσαι τὸ πάντα νικῶν θαυμάτων ὑπερβολῇ*, nec non Agath. Praef. 25–37, Ioh. Gaz. 1, 9–25, Anacr. 3, 1–2, Paul. Sil. S. Soph. 89–124, Anonym. XXX 25. 30, XXXI 23–24 Heitsch² || 5 Aphthon. 37, 17 *συνεζευγμέναι* (sc. *ἐκφράσεις*) *δὲ ὡς αἱ πράγματα καὶ καιροὺς ἅμα συνάπτουσαι*, Anaxim. 29, p. 59, 13–18 Fuhrmann *ἔστι δὲ προοίμιον καθόλου μὲν εἰπεῖν ἀκροατῶν παρασκευὴ καὶ τοῦ πράγματος ἐν κεφαλαίῳ μὴ εἰδόσι δήλωσις, ἵνα γινώσκωσι περὶ ὧν ὁ λόγος παρακολουθῶσί τε τῇ ὑποθέσει, καὶ ἐπὶ τὸ προσέχειν παρακαλέσαι . . . εὔνους ἡμῖν αὐτοὺς ποιῆσαι* || 6 *μεληδόνες* recte interpretatus est Viljamaa, p. 78–79 || 7 Nonn. D. 25, 48sqq. *οὐ τότε χερσαίης ἐνοπῆς κτύπος, οὐδ' ἐνὶ πόντῳ Περσέι μαρναμένῳ πολεμήια λαίφεα νηῶν ἐγρεμόθοις ἀνέμοισιν Ἄρης κολπώσατο ναύτης, οὐ φονίῃ ῥαθάμιγγι Λίβυς φοινίσσετο Νηρεύς, οὐ νέκυν αὐτοκύλιστον ἐδέξατο λοίγιον ὕδωρ· ἀλλὰ . . .*, Anonym. XXXVI 1, 1 Heitsch² *οὐκ ἄρα μοῦνον Ἄ[ρης μ]ενεδήιος, ἀλλὰ καὶ αὐτα[ὶ] Μοῦσαι ἀριστεύο̣υ̣[σι κτλ.*, Paul. Sil. S. Soph. 135–137 *σήμερον οὐ σακέων με φέρει κτύπος, οὐδ' ἐπὶ νίκην ἕσπερον ἠὲ Λίβυσσαν ἐπείγομαι, οὐδὲ τροπαίοις ἀμφὶ τυραννοφόνοις καναχήποδα ῥυθμὸν ἀράσσω*, 145–150 *ἀλλὰ σύ μοι βασιλῆα φερέσβιον, ὄμπνια Ῥώμη, στέψον ἀκηρασίοισι χύδην καταειμένον ὕμνοις, οὐχ ὅτι . . . ἐφήρμοσεν . . . οὐχ ὅτι . . . ἐτάνυσσεν . . . ἀλλ' ὅτι . . .*, 157–160 *καὶ γὰρ ἄναξ οὐ μοῦνον . . . ἀλλὰ καὶ αὐτός*, Ioh.

Gaz. Anacr. 1, 3–5 *Μοῦσά με νῦν θώρηξεν ἑκηβόλος, οὐκ ἐπὶ χάρμην, οὐκ ἐπὶ δυσμενέων νίφα βάρβαρον· ἀλλὰ μενοινὴν ὑμετέρην σκοπὸν οἶδα*; Stat. Silv. 1, 5, 1 sqq. adducit Gerstinger. vd. quae disseruerunt W. Kröhling, Die Priamel als Stilmittel, Greifswald 1935, p. 13. 17; H. Fränkel, Wege und Formen frühgriechischen Denkens, München 1955, p. 56; R. Schaefer, Die Negation als Ausdrucksform, Diss. Bonn 1959, p. 21 sqq.; U. Schmid, Die Priamel der Werte im Griechischen, Wiesbaden 1964, p. 35–38. 87. 90; Nisbet-Hubbard, A Commentary on Horace, Odes, Book 1, Oxford 1970, p. 2–3 | *ἀμφ' ἐμέ* elisio Nonniana, D. 25, 12; 34, 10; 47, 175 | Ioh. Gaz. 2, 280 *ἡδὺν κῶμον ἄειδε χαριζομένη Κυθερείῃ* | *ὅσον* = *ὅν* (cf. 9), vd. Schmid, Attizismus 1, p. 129. 281; 2, p. 135; 3, p. 69; 4, p. 70–71. 209. 611; Peek, s. v., c. 1212–1213 | Nonn. D. 41, 374 *δίθροον ... ἐυτρήτου μέλος αὐλοῦ*, 43, 345 *συμπλεκέων ἔθλιψε μέλος διδυμόθροον αὐλῶν*, 1, 39–40 *ἡδυμελῆ ... δίθροον αὐλόν*, 20, 305 *αὐλοῦ μελπομένοιο μέλος Βερεκυντίδος ἠχοῦς*, et 13, 155 = 26, 14; 3, 237 = 44, 4; 39, 125; 45, 163 || 8 *ἑπτανόοιο* non sollicitandum, vd. Livrea, ZPE 17, 1975, p. 36 | Nonn. D. 24, 242 *φορμίζων ἀνεβάλλετο Κύπριν ἀείδειν*. de vocis *ἠχώ* ap. Nonnianos usu vd. Kost, p. 389–390 || 9 Nonn. D. 8, 26 *ἀμειβομένη κτύπον αὐλοῦ*, 48, 494 *κτύπον ... ἀμείβεται Ἠχώ*, 16, 335 *φθεγγομένης σύριγγος ἀμείβετο σύνθροος Ἠχώ*, et 1, 240; 2, 250; 16, 288; 22, 230; 45, 186; 47, 740; 48, 790, nec non *Α* 604 *Μουσάων θ', αἳ ἄειδον ἀμειβόμεναι ὀπὶ καλῇ*, Pind. N. 7, 81 *πολύφατον θρόον ὕμνων*, Plut. Symp. 654 f *ἠχήεις θρόος αὐλῶν*, Nonn. D. 11, 124; 5, 369; 15, 108 et praecipue 6, 42 sq. *περιθλίβων θρόον αὐλοῦ ... μελίζετο*, 41, 184 *σύνθροον ἐκρούσαντο μέλος ... Ὧραι*, 3, 237 *σύνθροον ἐκρούσαντο μέλος ... αὐλοῦ*, 3, 66–67 *αὐλὸς ἔμελπε καὶ ὀρχηστῆρας ἐπείγων σύνθροον ἐσμαράγησε μέλος* || 10 Them. Or. 27, 336 c *μή με ἄλλως νομίσῃς ὡραΐζεσθαι τῷ κύκνῳ καὶ τῇ ἀηδόνι, καθάπερ οἱ κομψοὶ σοφισταὶ οἱ κομμοῦντες τοὺς λόγους οἷον φυκίῳ κέχρηνται τούτοις τοῖς ὀρνέοις* (de quo Norden, Kunstprosa 1, p. 376[1]); Anonym. Anacr. 3 p. 362–364 Bergk 23–26 *σοφίης ἄναξ Ἀπόλλων, καλέειν κύκνον δοκεῖ μοι, ἵνα τὸν σοφὸν προσείπῃ λιγυραῖς φάρυγξι κύκνος*. quod ad Apollinem et cycnum attinet cf. Plut. Orac. 1, 409 et Hymn. Hom. 21, Sapph. fr. 208 Voigt, Pind. fr. 122 Snell-Maehler, Aristoph. Av. 772. 870, Call. Ap. 5, Del. 249: complura congessit D'Arcy Thompson, Glossary of Greek Birds, p. 184 | fatidicus mons est Parnassus, cf. Nonn. D. 13, 131–132 *Παρνησσὸν δικάρηνον· ἀγειρομένοισι δὲ λαοῖς Πυθιὰς ὀμφήεσσα θεηγόρος ἔκλαγε πέτρη*. de epitheto vd. Livrea ad Coll. 320 | Nonn. D. 5, 59 *ἐργατίνης Βοιωτὸν ὑπὸ κλέτας, ἣν παρὰ λόχμῃ*, 261 *καὶ σκιερῆς πολύδενδρον ὑπὸ κλέτας εὔβοτον ὕλης*, 32, 244 *ὑπὸ κλέτας ἕζετο λόχμης*, P. 4, 92 *ὑμεῖς δ' ἄρμενον ἄλλον ὑπὸ κλέτας Ἱροσολύμων*. ad *ὑπό* cum accus. cf. Keydell, Prol. p. 67* et Livrea ad Coll. 14. *κλέτας* vox Nonniana | Eur. El. 151 *κύκνος ἀχέτας*. epitheton cicadam decet (Hes. Op. 582, Pamphil. A. P. 7, 201, 3 = I 2841 Gow-Page, Arch. A. P. 7, 213, 3 = XXXI 3718 G.-P. *ἀχέτα μολπὰν τέττιξ*, et vd. Gow ad Theocr. 16, 96), at cum cicada cycnum comparat Antip. Thess. A. P. 9, 92, 1–2 = II 81 G.-P. *ἀρκεῖ τέττιγας μεθύσαι δρόσος, ἀλλὰ πιόντες ἀείδειν κύκνων εἰσὶ γεγωνότεροι*. de cycno et Graecia boreali vd. Garzya ad Alcm. 1, 101 || 11 Nonn. D. 41, 180 *γήραος ἄχθος ἀμείβων*, nec non Eur. H. F. 638 *ἄχθος δὲ τὸ γῆρας αἰεὶ βαρύτερον Αἴτνας σκοπέλων ἐπὶ κρατὶ κεῖται*, Call. fr. 1, 35–36 Pfeiffer *αὖθι τὸ δ' ἐκδύοιμι, τό μοι βάρος ὅσσον ἔπεστι τριγλώχιν ὀλοῷ νῆσος ἐπ' Ἐγκελάδῳ*, Q. S. 2, 330 *ὑπὸ γήραος ἄχθομαι αἰνοῦ* | *σειρήν* 4, 26, Paul. Sil. S. Soph. 205 *μή τις ἐμὴν σειρῆνα βάλοι νεμεσήμονι μύθῳ*, et cf. Alcm. fr. 30 Page *ἁ Μῶσα κέκλαγ' ἁ λίγηα Σηρήν*, Dante Par. 12, 7–8 nostre Muse, nostre serene | phoenicis est e cinere suo ad novam vitam redire (D'Arcy Thompson, Glossary of Greek Birds, p. 307–308); cum cycnum respiciat, fortasse Nonn. D. 40, 394sqq. et 41, 179sqq. contaminat poeta || 12 *ἀκρόκομος ἅ. λ.* homericum, *Δ* 533; ad arbores accommodatum Eur. Phoen. 1516, Diod. 2, 53, Theocr. 22, 41, Arch. A. P. 7, 213, 2 = XXI 3717 Gow-Page, Orph. fr. 225 Kern, nec non Nonn. D. 11, 502; 15, 112 (e Dion. Per. 1010), P. 12, 56, Ioh. Gaz. 2, 334, Apol. Ps. 67, 52. fortasse ventis qui arbores *ἀκροκόμους* canentes percutiunt cycnus alis aere commotis comparatur | *ι* 139 *ἐπιπνεύσωσιν ἀῆται*, Ap. Rh. 1, 335 *ὅτε μοῦνον ἐπιπνεύουσιν ἀῆται*, 423 *ἐπιπνεύσειε δ' ἀήτης*, unde Nonn. D. 47, 362 *ὅτε πᾶσιν ἐπιπνείουσιν ἀῆται* et Mus. 257 *ὅθεν πνεύσειεν ἀήτης* || 13 *N* 301, *Υ* 485 *ἐκ Θρῄκης* | *νιφετώδης* solutae orationis est (Arist. Met. 364b 21, Pol. 3, 72, 3, Plut. Crass. 10, Strab. 4, 5, 2), at cf. *Ξ* 227 *Θρηκῶν ὄρεα νιφόεντα* | *ε* 469 *αὔρη δ' ἐκ ποταμοῦ ψυχρὴ πνέει ἠῶθι πρό*, et Nonn. D. 13, 390–391 || 14 *Β* 294 *χειμέριαι εἰλέωσιν ὀρινομένη τε θάλασσα*, *ε* 335,

Hymn. Ap. 73, Hymn. Hom. 33, 15 ἁλὸς ἐν πελάγεσσι, Nonn. D. 47, 363 χειμερίῃ ... θαλάσσῃ, 18, 180–181 θαλάσσης ... πελάγεσσι | Nonn. 47, 632 ἐπισκαίρουσι θαλάσσῃ, 43, 352–353 ἐπεσκίρτησε θαλάσσῃ οἷα Ποσειδάωνος ἐπισκαίρουσα καρήνῳ, 38, 121 || 15 Nonn. D. 27, 304 μέλος ἀείσει || 16 Ap. Rh. 4, 301 πυρὸς αἴγλη. ἐριφλεγής Nonn. D. 26, 33 || 17 Nonn. D. 2, 450 ὀμβροτόκων ... νεφελάων, Anonym. XXXIV 1 verso 47 Heitsch[2] ὀμβροτόκους ὠδῖνας ἐλαφρίζει{ν} νεφελ[ά]ων || 18 Nonn. D. 47, 259–260 αἰθερίου ... Κυνός: vd. Stegemann, Astrologie und Universalgeschichte, Bern-Leipzig 1930, p. 80 || 19 Nonn. D. 14, 174 καταστaλάουσα κομάων, 38, 434 καταστaλάουσιν ἐέρσην || 20 Opp. Hal. 1, 24 παρὰ δὲ χλοάουσι ῥεέθροις || 21 Nonn. D. 3, 431; 8, 99 σύνδρομον Ἠελίοιο | Hymn. in Lun. 10, 52 (LIX Heitsch[2]) κυανέα, Theocr. 2, 69 al. πότνα Σελάνα || 22 ε 293 = ι 68 = μ 314 σὺν δὲ νεφέεσσι κάλυψεν, P 594 κατὰ νεφέεσσι κάλυψεν, Nonn. D. 6, 114 παῖδα καλυπτομένην νεφέλης ... μίτρῃ, 2, 20 καλυπτομένου νεφέων ... μίτρῃ || 23 ἔρευθος ap. Nonnum deest, at vox Alexandrina est, vd. Kost ad Mus. 173 et Livrea ad Ap. Rh. 4, 173. de astro Arat. 834 εἴ τί που ἢ οἱ ἔρευθος ἐπιτρέχει | Δ 486 ὄφρα ἴτυν κάμψῃ περικαλλέι δίφρῳ, Nonn. D. 2, 248 περιβάλλεται ἄντυγα κόσμου, 2, 700 καὶ κραιπνὸς ἐς αἰθερίων ἴτυν ἄστρων || 24 Tryphiod. 668sqq. ἄρτι γὰρ ἀντολίηθεν ἀπόσσυτος Ὠκεανοῖο ἠρέμα λευκαίνουσα κατέγραφεν ἠέρα πολλὴν νύκτα διαρρήξασα μιαιφόνον ἱππότις Ἠώς, Nonn. D. 41, 1 ἄρτι μέν, 22, 136–137 ἀλλ' ὅτε χιονόπεζα χαραξαμένη ζόφον Ἠὼς ὄρθρον ἀμεργομένη (Keydell: ἀμεργομένη L) δροσερῇ πορφύρετο πέτρῃ | Nonn. D. 45, 343 ἔτρεχον αὐγαί, 48, 894 ἤλυθον αὖραι, 18, 100 = 26, 116 ἔπνεον αὖραι, 10, 32 ἥρπασαν αὖραι || 25 de rore matutino, cf. Verg. Geo. 2, 202 gelidus ros, Call. fr. 260, 64 Pfeiffer στιβήεις ἄγχαυρος, Nonn. D. 22, 136 χιονόπεζα ... Ἠώς, 27, 6 δροσεροῖο δὲ δίφρου (Aurorae), 37, 86 δροσεροῖο ... ἅρματος Ἠοῦς | Nonn. D. 13, 439–440 γονόεσσα ... Οὐρανίη ... ἐέρσῃ, 40, 387–388 σεισάμενος γονόεσσαν ἀθαλπέος ἰκμάδα χαίτης ὄμβρον ἄγεις φερέκαρπον | Nonn. D. 14, 333 χειμερίην ... χύσιν ὄμβρου, 10, 296 ἠερίου χύσιν ὄμβρου, 8, 302 al. χύσιν ὄμβρου (Ioh. Gaz. 2, 41 etc.) || 26 mense Novembri ineunte ante Solis ortum Pleiades occidunt (Wifstrand, p. 191–193) eodemque anni tempore Cereris sacra celebrantur (115sqq.; θαλύσιον 149 = autumnale, vd. ad loc.). Caniculae enim vis pluviis diluitur (vv. 18–19) et arboribus folia delabuntur (vv. 59.

61) | Nonn. D. 1, 232–233 *οὐρανίῳ κενεῶνι πεπαρμένος ὄρθιος ἄξων μεσσοπαγής*, [Opp.] Cyn. 2, 99 *κέρας* ... *παλίνστροφον*, de quo egit O. Rebmann, Die sprachlichen Neuerungen in den Kynegetika Oppians von Apamea, Diss. Basel 1918, p. 32 || 27 Nonn. D. 13, 281 *ἀστέρος αἴγλην*, *B* 458 *αἴγλη παμφανόωσα δι' αἰθέρος οὐρανὸν ἷκε*, Nonn. D. 1, 186 *αἰθέρος ἀννεφέλοιο* ... *αἴγλην*, 38, 423 *αἰθέρος αἴγλην* | [Opp.] Cyn. 1, 218 *ἀντία δ' αἴγλη*, Ap. Rh. 3, 1357–1358 *αἴγλη* ... *ἀστράπτουσα* || 28 ad spatii rationem habendam vd. Keydell[1], p. 290 et Horna, p. 259 | Nonn. D. 6, 386 *ἀρτιγόνοις μερόπεσσιν*, Paul. Sil. S. Soph. 1, 811 *ἀντιπόροις ἑλίκεσσι* | Nonn. D. 8, 158 *ὑστατίην ἐπὶ πέζαν* ... *'Ωκεανοῖο*, 10, 141–142 *ὑψιπόρου δέ* ... *'Ηελίοιο*, 23, 301–302 *ὑψιπόρους δὲ 'Ιχθύας ἀστερόεντας* || 29 Nonn. D. 15, 242 *ἑσπερίην ἐπὶ πέζαν*, 2, 247 *ῥιζοπαγὴς ὅθι πέζα παλίμπορος 'Ωκεανοῖο*, 8, 158 *ὑστατίην ἐπὶ πέζαν ἐλεύσομαι 'Ωκεανοῖο*, et 2, 686; 17, 269; 18, 321; 21, 308; 24, 82; 39, 197. *ἑσπερίην* = occidentalem, vd. W. Seelbach, Die Epigramme des Mnasalkes von Sikyon und des Theodoridas von Syrakus, Wiesbaden 1964, p. 8 | Nonn. D. 24, 3; 32, 8 *ἀτέρμονος 'Ωκεανοῖο* || 30 Gemini post Pleiadas ante Solis ortum occidunt | Nonn. D. 35, 41 *μαρμαρυγαὶ κλονέουσιν*, 2, 323 *ἀστέρες ἀστράψειαν* | Hymn. Hom. 33, 2 *Λήδης* ... *ἀγλαὰ τέκνα* || 31 Nonn. D. 2, 467 *παλιννόστοιο πορείης*, 1, 176 = 40, 279 *παλιννόστῳ δὲ πορείῃ* || 33 de Dracone boreali inter Ursas posito vd. Vian ad Nonn. D. 1, 190; hic attamen *δράκων οὐροβόρος* tempus significare videtur, vd. A. Festugière, La révélation d'Hermès Trismégiste 4, Paris 1954, p. 177 sqq.; J. G. Préaux, Hommages Déonna, Bruxelles 1957, p. 394 sqq.; Chuvin, Nonnos III–V, Paris 1976, p. 84 sqq. || 36 *λυκάβας δὶς λ.* Homericum (ξ 161, τ 306) Alexandrinis dilectissimum | subaudiendus est *Αἰών* (West cl. Nonn. D. 7, 73; Al. Cameron, Claudian, Oxford 1970, p. 207[2]) sive *'Ηέλιος*, cl. Nonn. D. 38, 114 *'Ηέλιος λυκάβαντα δυωδεκάμηνον ἑλίσσων*. adde Ioh. Gaz. 1, 142 (*Αἰών*) *ποιμαίνει λυκάβαντα δυωδεκάμηνον ἑλίσσων*, Christod. A. P. 2, 135 *πάντα γέρων παραμείβεται Αἰών* | Nonn. D. 5, 192 = 26, 285 *ἀμοιβαίῃ δὲ λοχείῃ*, et 5, 228; 10, 131; 24, 197; 41, 219 || 37 Nonn. D. 7, 73 *ἀενάων ἐτέων αὐτόσπορε ποιμήν* (*Αἰών*) | *φιλάγραυλος* Nonn. D. 8, 15 || 38 Aesch. fr. 44 Nauck[2] = 125, 21–24 Mette *ἔρως δὲ Γαῖαν λαμβάνει γάμου τυχεῖν, ὄμβρος δ' ἀπ' εὐνάεντος Οὐρανοῦ πεσὼν ἔκυσε Γαῖαν, ἡ δὲ τίκτεται βροτοῖς μήλων τε βοσκὰς καὶ βίον Δημήτριον*,

Eur. fr. 898, 9–13 Nauck² *ἐρᾷ δ' ὁ σεμνὸς οὐρανὸς πληρούμενος ὄμβρου πεσεῖν εἰς γαῖαν Ἀφροδίτης ὕπο· ὅταν δὲ συμμιχθῆτον ἐς ταὐτὸν δύο, φύουσιν ἡμῖν πάντα καὶ τρέφουσ' ἅμα, δι' ὧν βρότειον ζῇ τε καὶ θάλλει γένος*, Claud. Rapt. Pros. 2, 89 glaebas fecundo rore maritat, Mar. Vict. Aleth. 3, 64 infindunt rastris et semine rura maritant, 395–396 rura maritat aquis . . . Iordanis, Alc. Avit. Carm. 1, 278 lympha maritavit sitientis viscera terrae, Dracont. Romul. 3, 3–4 rore maritat arva suo, Ennod. Carm. 1, 3, 1–2 tellus . . . lacte maritatis turgida caespitibus, P. L. M. 5, 422 Baehrens (carm. 118, 2) imbre maritatum vegetabat spiritus orbem, Perv. Ven. 11 maritis imbribus, al., et vd. J. B. Friedreich, Symbolik und Mythologie, Würzburg 1859, p. 43 sqq. | Nonn. D. 14, 200 *φιλοτήσιον ὄμβρον ἐρώτων*, 25, 121 *ἀπατήλιον ὄμβρον ἐρώτων*, 47, 518 *Ὀλύμπιος ὄμβρος ἐρώτων*, Ioh. Gaz. 2, 125 *ἀπόσσυτον ὄμβρον ἐρώτων* || 39 Nonn. D. 48, 232 *ἁβρὰ τελεσσιγάμοιο μολὼν ἐπὶ δέμνια Πειθοῦς*, 27, 317 *καὶ σύ, τελεσσιγόνου φιλοπάρθενε νυμφίε Γαίης*, Procl. H. 5, 9 *τελεσσιγόνων δ' ἀπὸ λέκτρων*, Orph. H. 53, 10 *εὐιέροις καρποῖσι τελεσσιγόνοισι βρυάζων* | Nonn. D. 5, 574 *ἐπὶ δέμνια, ϑ* 282 *περὶ δέμνια χεῦεν, ζ* 20 *δέμνια κούρης* || 40 Apol. Ps. 4, 10–11 *ἐλπὶς φερέσβιον ὄλβον ὀρέξει* (Golega, p. 105), Paul. Sil. S. Soph. 232 *φερέσβιον ἐλπίδα τείνει*, nec non Nonn. P. 6, 117 *φερέσβιος υἱὸς ὀπάσσει* || 41 Nonn. D. 47, 208 *ἀγεληκόμος ἔννεπε βούτης* | Calpurn. 5, 43 sqq. nec tu longinquas procul a praesepibus herbas nec nimis amotae sectabere pabula silvae, dum peragit vernum Iovis inconstantia tempus. veris enim dubitanda fides etc. | *βόαυλος* [Theocr.] 25, 108, Nonn. D. 10, 313; 13, 554; 37, 486 || 42 Nonn. D. 23, 228 *ἐκ νεφέων, Ο* 170 *ὡς δ' ὅταν ἐκ νεφέων πτῆται νιφὰς ἠδὲ χάλαζα* | Nonn. D. 2, 528 *χειμερίου πρηστῆρος ἀθαλπέι βάλλετο πάχνῃ* | *χαλαζήεις* cf. Pind. I. 5, 50, Leon. Tar. A. P. 6, 221, 1 = LIII 2291 Gow-Page, Nic. Th. 13, Nonn. D. 18, 232 al. || 43 Nonn. D. 38, 281 *εἰλείθυιαν ἐέρσην* (de pluvia), Orph. H. 21, 1–2 *ἀέριοι νεφέλαι . . . ὀμβροτόκοι*, 82, 5 *ὀμβροτόκους νεφέλας* || 44 *ἀρτιτόκοισιν* per hypallagen ad *πόρτιας* spectat, ut *ἀρτιτόκος* ap. Nonnum (17, 78; 32, 249; 45, 304; 48, 736; P. 9, 157) | Tryphiod. 386, Coll. 173 *ὑπ' ὠδίνεσσι* || 45 Nonn. D. 3, 266–267 *πόρτις . . . ἐλαύνετο*, 8, 58 *πόρτις . . . ἐλαύνεται*, 9, 266–267 *ὑψιλόφου δὲ αἰπόλος ἤλασεν αἶγας ὑπὸ πτύχα φωλάδα πέτρης* | *ὑψίκρημνος* Hom. Ep. 6, 5; Nonn. D. 2, 454–455 *ὑψίκρημνον ἐοῦσαν . . . κυκλάδα πέτρην* |

Nonn. D. 8, 178; 13, 244; 46, 14 *ἄντρον ἐρίπνης* ex Ap. Rh. 2, 434 | Paul. Sil. S. Soph. 899 *ἄβροχον ὁλκὸν Ἀμάξης* || 46 Nonn. D. 9, 184 *λαχνήεντας . . . χιτῶνας* | *βοόκραιρος* Nonno dilectum eadem v. sede D. 19, 344; 36, 435 || 47 Nonn. D. 10, 29 *περὶ νῶτον* | Nonn. D. 32, 9 *Λιβανηίδα δύσατο πέτρην*, nec non 6, 124; 24, 28; 32, 243 | Opp. Hal. 1, 21 *λόχμαι τε σκιεραὶ καὶ δειράδες ἄντρα τε πέτρης*, Nonn. D. 8, 24 – 25 *πολλάκι ποιμενίην ὑπὸ δειράδα . . . συνάειδε* et 10, 177; 20, 147 || 48 Nonn. D. 19, 102 *δίστιχον ἁρμονίην ἀνεβάλλετο Φοιβάδι μολπῇ*, Coll. 114 – 115 *ἔνθεν ἔχων σύριγγα . . . Πανὶ . . . φίλην ἀνεβάλλετο μολπήν*, nec non Blemyom. 80 (XXXII Heitsch[2]) *λιγυρὴ δ᾽ ἀνεβόμβεε σάλπιγξ* || 49 post hunc versum nulla lacuna statuenda, cf. Nonn. D. 2, 18 *κερδαλέης δεδονημένος ἄσθμασι μολπῆς* | Nonn. D. 13, 285 *ἄσθμασι λεπταλέοισι καταψύχουσιν ἀῆται*; de structura vd. 2, 408; 8, 401; 25, 479; 38, 205 | Nonn. D. 2, 134 *φθεγγομένη λάλος ὄρνις ὑπωροφίης μέλος ἠχοῦς*, 1, 300; 6, 120, et 6, 278 *ὑπωροφίης δόμον ἠχοῦς*, 47, 32 *καὶ Ζεφύρου λάλος ὄρνις ὑπωροφίην χέε μολπήν* || 51 Nonn. D. 8, 275 *οὐ νιφετοῖς ἔτι γαῖα παλύνεται*, Tryphiod. 190 *ἠέρα παχνώσασα χιὼν ἐπάλυνεν ἀρούρας* (ex *K* 7). de *ἐπάλυνε* vd. Erbse ad schol. ad *K* 7. cf. etiam Ap. Rh. 3, 69 *νιφετῷ δ᾽ ἐπαλύνετο πάντα*, [Opp.] Cyn. 3, 171 *χιὼν δ᾽ ὅτε πάντα παλύνει*, Men. Prot. Exc. de leg. p. 297, 12 – 13 Bekker-Niebuhr *ἅτε τῆς αὐτῶν χώρας θαμὰ νιφετῷ παλυνομένης*, Q. S. 10, 250 *χεῖμα παλύνῃ*, 416 *ἤ τ᾽ ἄγκεα πολλὰ παλύνει* || 52 Nonn. D. 35, 362 *εἰσέτι Νύμφαι* || 53 Q. S. 3, 327 *φθινύθουσιν ὀπῶραι*, ubi vd. Vian, Nonn. P. 15, 19 *οὐ μινύθουσαν ὀπώρην*. cf. Ap. Soph. 45, 17 *ὀπώρα δὲ καλεῖται ὁ μεταξὺ θέρους καὶ φθινοπώρου καιρός* et supra ad v. 26 || 55 Nonn. D. 48, 364 – 365 *ἠνίδε μαζοὺς ὄμφακας οἰδαίνοντας ἀθηλέας*, 45, 63 *θεουδέα πῆχυν ἐρείσας*. de adi. vd. Wernicke ad Tryphiod. 34, p. 86 – 90 || 56 Nonn. D. 9, 120 *καμπύλον ἄνθος ἀναδρέψασα κορύμβων* || 57 Nonn. D. 7, 146 *νειφόμενον Κρονίωνος ἀεξιφύτοισιν ἐέρσαις*, 47, 7 *ἀεξιφύτοιο δὲ Βάκχου*; eadem v. sede *ἀεξίφυτος* 12, 195; 39, 63; 40, 296; 41, 7; 45, 153 || 58 *ἀνειλίσσω* verbum non Nonnianum, Nic. Al. 596 | Nonn. D. 24, 195 al. *βότρυς ἐθείρης*, 10, 181 – 183 *χαίτης βότρυες εἱλικόεντες . . . ἀπλεκέες* || 59 Nonn. D. 2, 639 – 640 *ἀπεκείρατο δενδράδα χαίτην βόστρυχον ὑλήεντος ἀποτμήξασα καρήνου*, 11, 514 *φυλλοχόοις ἀνέμοις ἀπεκείρατο δενδράδα χαίτην*, 26, 156, Ioh. Gaz. 2, 290 *ὤλεσε δενδράδα χ.*, et vd. Stegemann, Astrologie und Universalgeschichte, Bern-Leipzig

1930, p. 136. de rhythmo cf. Nonn. P. 5, 9; 11, 69 || 60 *νιφόβλητος* [Opp.] Cyn. 1, 429 (active), 3, 314 (passive), Nonn. D. 48, 470 *νιφοβλήτῳ . . . Ταύρῳ*. vd. O. Rebmann, Die sprachlichen Neuerungen in den Kynegetika Oppians von Apamea, Diss. Basel 1918, p. 61 | Nonn. D. 17, 140 – 141 *οἱ δὲ κολώνης ὑψιτενῆ πρηῶνα*, 28, 223 *ἑλὼν πρηῶνα κολώνης*, et 39, 341 || 61 *ἄπτορθος* semel dictum, vd. ad v. 172 | Nonn. D. 42, 93 *ἀρύετο πάτριον ὕδωρ*, P. 4, 74 *ἀρύειν βεβιημένον ὕδωρ*, Aristoph. Vesp. 264 – 265 *δεῖται δὲ καὶ τῶν καρπίμων ἄττα μή 'στι πρῷα ὕδωρ γενέσθαι κἀπιπνεῦσαι βόρειον αὐτοῖς* || 62 Nonn. D. 2, 194 – 195 *πυκνὰ διαΐσσουσα χαρασσομένων νεφελάων ἀστεροπὴ σκίρτησε*, 2, 540 *χαλαζαίου* (Scaliger: *χαραδραίου* L) *νιφετοῖο*, 12, 53 *νιφετοῖο χαλαζήεσσαν ἐνυώ*, Plut. Mor. 499 f *οὐ νέφη χαλαζοβόλα πεδίοις περιρρήγνυσι καρποφόροις*, Clem. Al. Strom. 6, 3 (446, 12) *χαλαζοβολήσειν μελλόντων νεφῶν* || 63 Nonn. D. 2, 639; 11, 514 *δενδράδα χαίτην*; *δενδράς* saepius ap. Nonnum || 65 *ἐπιτρέχω* cum dat. vd. Peek s. v. || 66 *πολυψηφίς* orac. ap. Hdt. 1, 55, Plat. Rep. 8, 566 c, Naumach. 60 *λᾶες ἐπὶ ῥηγμῖνι πολυψηφῖδι θαλάσσης*. vd. W. Schmitt (Münster 1969, p. 146) ad [Opp.] Cyn. 1, 292 || 67 caesura post *φόρτον* Nonniana non est (Gerstinger, p. 19) | Nonn. D. 2, 546 *Διὸς πετρούμενον ὕδωρ*, 25, 418 *πετραῖον*... *φόρτον*, 40, 513 *λίθων* ... *φόρτῳ*, 41, 70 *λίθον* ... *φόρτῳ*; adi. ap. Nonn. P. 2, 85; 5, 47; 7, 141; 19, 222 invenies || 68 *δέξατο* eroticum ut videtur exhibet colorem, de quo E. Degani, QUCC 21, 1976, 23 – 24 | *χιονόπεπλος* semel dictum | *ἀνάγκη* naturae esse videtur, cf. G. Kroll, De oraculis Chaldaicis, Vratislaviae 1894 (Hildesheim 1962), p. 48 – 49; E. Des Places, Oracles Chaldaïques, Paris 1971, p. 37 et vd. Synes. H. 1, 671 – 674 *ὅδε γὰρ χθονίας θεσμὸς ἀνάγκας διχόθεν θνατοῖς βίον οἰνοχοεῖ* | Ap. Rh. 1, 1117 *ἔντροφον ὕλῃ* || 69 ι 475, λ 553, ν 293 *οὐκ ἄρ' ἔμελλες*, *Κ* 336, *Μ* 3, 113, *Ρ* 497, *Χ* 356, ω 470 *οὐδ' ἄρ' ἔμελλεν* (-*ον*) | Nonn. D. 6, 332 *ὀμβρηροῖς ῥοθίοισιν* || 70 de elisione vd. 171 | quod ad numeros attinet, cf. Nonn. D. 19, 333; 25, 221; 42, 141; P. 8, 97; 11, 177 || 71 *Ε* 864 *οἵη δ' ἐκ νεφέων ἐρεβεννὴ φαίνεται ἀήρ*, *Λ* 62 *οἷος δ' ἐκ νεφέων ἀναφαίνεται οὔλιος ἀστήρ* | Nonn. D. 2, 482 al. *ἤδη γάρ* | *μεσσόθι* cum gen. Ap. Rh. 2, 172, Arat. 368, Nonn. D. 2, 442; 21, 330; 33, 250 | Arat. 796 – 797 *κύκλος . . . ἐρευθόμενος*, 834 – 835. 867 *φαίνονται νεφέλαι ὑπερευθέες* || 72 *ἄκρα* adverbium Nonn. D. 3, 56; 10, 404 | Arat. 80 *λεπτοτέρη γὰρ τῇ καὶ τῇ ἐπιδέδρομεν αἴγλη*. *ἀναθάλλω*, quod Nonnianum non est, Gregorianum illud *φῶς ἀναθαλῆσαν* in vitam revocat; cf. Apol. Ps. 27, 20, Paul. Sil. A. P. 5, 264, 10 ‖ 73 Nonn. P. 21, 113 *εἴς τινα χῶρον* | *K* 161 *ὀλίγος δ' ἔτι χῶρος ἐρύκει*, Soph. Phil. 1153 *ἀνέδην ὅδε χῶρος ἐρύκεται* ‖ 74 Q. S. 2, 665–666 *ἣ δὲ καὶ αὐτὴ αἰθερίας ὤιξε πύλας, ἐκέδασσε δ' ἄρ' ἀχλύν*, Nonn. D. 27, 2 *ἀντολίης ὤιξε θύρας . . . Ἠώς*, Paul. Sil. S. Soph. 900–901 *πολλοῖς δὲ πεπασμένος ἀστράσιν αἰθὴρ ἀτραπιτοὺς ὤιξεν*, nec non Nonn. D. 7, 315 ‖ 75 Nonn. D. 17, 240; 32, 95 *βοώπιδος Σελήνης* ‖ 76 Nonn. D. 28, 232 *πλησιφαὴς ἤστραπτε*, 41, 257–258 = 48, 322–323 *ὀιστεύουσα . . . πλησιφαής*, 10, 141–142 *ὑψιπόρου . . ./. . . Ἠελίοιο μεσημβρίζουσαν ἱμάσθλην*; incertissima autem protulit Wifstrand[2], p. 467 | Nonn. D. 32, 144 *ὀιστεύων δὲ κολώνας* ‖ 77 *ε* 479 *ἠέλιος φαέθων ἀκτῖσιν ἔβαλλεν* | *P* 649 *αὐτίκα δ' ἠέρα μὲν σκέδασεν, καὶ ἀπῶσεν ὀμίχλην*, Nonn. P. 9, 105 *ἐκέδασσεν ὀμίχλην* ‖ 78 Nonn. D. 9, 140 *ὑψόθεν ἀστήρικτος* | Nonn. D. 2, 528 *χειμερίου πρηστῆρος ἀθαλπέι βάλλετο πάχνῃ* | *ἀλαμπής* Bacchyl. 13, 175, Soph. Tr. 691 ‖ 79 *T* 362 *αἴγλη δ' οὐρανὸν ἷκε, γέλασσε δὲ πᾶσα πέρι χθών*, Hymn. Hom. Cer. 14 *γαῖά τε πᾶσα γέλασσε*, Homerocent. 4, 5 Ludwich *γέλασσε δὲ πᾶσα περὶ χθών*, Q. S. 2, 210 *τραφερὴ δὲ γελᾷ περὶ γαῖα καὶ αἰθήρ*, 6, 3 *γέλασσε δὲ γαῖα καὶ αἰθήρ*, Nonn. D. 7, 344; 22, 7; 38, 416 *γαῖα δὲ πᾶσα γέλασσε* ‖ 80 Nonn. D. 38, 52 *ἄμμορον αἴγλης* ‖ 81 Nonn. D. 6, 382 *θερμοτέραις ἀκτῖσιν*, 13, 239 *θερμοτέραις ἀκτῖσι χέων . . . αἴγλην*, 30, 74 *θερμαίνεται ἀήρ*, 36, 322; 48, 68 *ἠέρα θερμαίνων*, 22, 341 *ἠέρα θερμαίνοντες*, 14, 14 *θερμαίνουσα . . . ἠέρα* | de delphinis cf. Hes. Sc. 209–213, Verg. Aen. 8, 673–674, Q. S. 5, 93–96 etc., et vd. D. Wachsmuth, *Πόμπιμος ὁ δαίμων*, Berlin 1967, p. 164 ‖ 82 *ἡμιφανὴς* de natatione Nonn. D. 1, 76 *ἡμιφανὴς πεφόρητο δι' ὕδατος ὑγρὸς ὁδίτης*, 5, 184 *μεσσοφανὴς ἐχόρευεν ἐπιξύων ἅλα δελφίς*, 39, 257–258 *Γαλάτεια θαλασσαίου διὰ κόλπου ἡμιφανὴς πεφόρητο διαξύουσα γαλήνην*, 43, 284–285 *φανεὶς δέ τις ὑγρὸς ὁδίτης μεσσοφανὴς δελφῖνας ὁμόζυγας ἔσχισε δελφίς* | *ἐρέσσων* = nans, cf. *μ* 444, *ξ* 351, Nonn. D. 11, 49; 10, 150; 11, 415; 41, 239–240, P. 5, 25, Mus. 255. de verbo transitive posito cf. Nonn. D. 11, 49, P. 5, 25, Agath. A. P. 4, 4, 30 = 2, 30 Viansino ‖ 83 Nonn. D. 1, 346 *στέρνοιο δὲ νύμφης*, 21, 9 *στέρνα . . . Νύμφης* | Oracul. Chald. fr. 67 Des Places *παντρόφου αἴθρης* ‖ 84 Nonn. D. 14, 412–413 *ἐκ δὲ ῥοάων χιονέην ἤμειψε φυὴν ξανθόχροον ὕδωρ*, P. 2, 36 *χιονέην ἤμειψε φυὴν ἑτερόχροον ὕδωρ* | [Orph.] Arg.

422 *ὡς ἐπάμειψε φύσεις* ‖ 86 Nonn. P. 11, 116 *δάκρυσι νικηθεῖσα* ‖ 87 *ποικιλόδακρυς* Nonn. D. 10, 45; 24, 192; 30, 162 | Nonn. D. 10, 298 *πρηστῆρος ἀναίνομαι αἰθέριον πῦρ* ‖ 88 Nonn. P. 3, 122 *ἀμπλακίας νίπτοντες ἐφαιδρύνοντο ῥεέθροις* | *τένων* = *αὐχήν* Nonn. D. 2, 396. 400, Agath. A. P. 4, 4, 12 = 2, 12 Viansino | Nonn. D. 6, 252 *ἐμυκήσαντο χαράδραι*, 32, 153 *χειμερίων ῥοθίων μυκώμενος ὁλκῷ* ‖ 89 *Φ* 220 *στεινόμενος νεκύεσσι*, Nonn. P. 4, 147 *στεινομένων νεφεληδόν* | Nonn. D. 27, 152 = 48, 327 *διιπετὲς ὕδωρ*, *P* 263 *ἐπὶ προχοῇσι διιπετέος ποταμοῖο*, unde Nonn. D. 22, 393; 24, 10 ‖ 90 Nonn. D. 3, 383 *σφριγόωντες . . . μαζοί*, 34, 280 *σφριγόωσαν ἴτυν . . . μαζοῦ*, Christod. A. P. 2, 105 *μαζοὺς μὲν σφριγόωντας* | Nonn. D. 41, 124 *χαραδραίῳ . . . μαζῷ* | *ῥοώδης* de flumine ex. gr. Plut. Caes. 22 ‖ 91 Nonn. D. 37, 11; 40, 445; 42, 175; 44, 186 *πιτυώδεος ὕλης* ‖ 92 *ν* 163 *ἐρρίζωσεν ἔνερθε* | Nonn. D. 2, 94–95 *κορύμβου σύγχρονος . . . Ἀμαδρυὰς ἄνθορε δάφνης*, 16, 245 *καὶ δρυὸς ἐντὸς ἵκανεν ὁμήλικος*, 48, 641 *ἐδόνησεν Ἀμαδρυὰς ἥλικα πεύκην*, 14, 212; 45, 190; 48, 547 et alibi compluries, ex. gr. Hymn. Hom. Ven. 259 sqq., Call. Del. 79–80, Plut. Er. 15, Def. Orac. 11, schol. Ap. Rh. 2, 477, Etym. Magn. 75, 44, Serv. ad Verg. Ecl. 10, 62 Hamadryades nymphae, quae cum arboribus et nascuntur et pereunt . . . Dryades vero sunt, quae inter arbores habitant; et vd. R. E. 17, 2 (1937), 1541–1542 ‖ 93 Nonn. D. 2, 94 sqq. *καί τις . . . Ἀμαδρυὰς . . . ἀγόρευε μετήλυδι γείτονι Νύμφῃ*, 37, 20–21 *καί τις Ἀμαδρυάδων . . . Νύμφη, πηγαίῃ . . . μίγνυτο κούρῃ*, 44, 11 sqq., 48, 518 sqq. *ἑζομένῳ δὲ ἥλικος, αὐτομέλαθρος ὑπερκύψασα κορύμβου παρθένος ἀκρήδεμνος Ἀμαδρυὰς ἔννεπε Νύμφῃ* ‖ 94 Nonn. D. 42, 99; 44, 14 *πηγαίῃ . . . νύμφῃ* | Nonn. D. 2, 97 *γείτονι νύμφῃ*, et 6, 133; 12, 372; 32, 93–94 ‖ 95 *Ψ* 19. 179, *ν* 59, Q. S. 7, 642 *χαῖρέ μοι* | Nonn. D. 40, 550–551, Ioh. Gaz. 1, 272 *ἀρχεγόνοιο . . . Ὠκεανοῖο*. cf. etiam Nonn. D. 38, 196 sqq. et Themist. Or. 13, 162 a *γῆν καὶ ὕδωρ καὶ ἔτι τὰ τούτων ἀρχεγονώτερα* | *Γ* 162 etc., *δ* 611 etc. *φίλον τέκος* ‖ 96 Ap. Rh. 3, 12, Nonn. D. 4, 43 al. *τί χρέος* ‖ 97 Ioh. Gaz. 2, 126 *νεφέλης μελανστέρνοιο* ‖ 98 *Η* 448, *Ο* 555, *Φ* 108, *ρ* 545, Arat. 733, Nonn. D. 7, 30, Coll. 338 al. *οὐχ ὁράᾳς*. diatribarum usum redolet, vd. A. Knecht, Gregor von Nazianz, Gegen die Putzsucht der Frauen, Heidelberg 1972, p. 87, 129 | Nonn. D. 21, 340 *φυλλάδα λόχμην* ‖ 99 *ἀποστάζω* ap. Nonnum deest ‖ 100 Ap. Rh. 3, 388 *τίς δ' ἂν τόσον οἶδμα περῆσαι τλαίη ἑκών*, Nonn. D. 42, 102 *τηλίκον*

οἶδμα περήσας, Mus. 203 *παρθένε, σὸν δι' ἔρωτα καὶ ἄγριον οἶδμα περήσω*, Coll. 295 *ἧς ἕνεκεν τέτληκα καὶ οἴδματα τόσσα περῆσαι* | Apolin. Met. 7, 5 *μῆνιν ἐγείρει*, Nonn. D. 31, 8 *καὶ χόλον ἄλλον ἔγειρεν*, Mus. 157 *μῆνιν ἐγείρῃς* || **101** *ϑ* 185 *ϑυμοδακὴς γὰρ μῦθος*, Nonn. D. 6, 36 | *ἔπειτα δέ*, quod Nonnianum non est, habent *Λ* 490 al., Ep. Adesp. 9, IV, 10 Powell, Q. S. 4, 398, Or. Sib. 13, 29; 11, 20, Mus. 243 | *O* 509 *καὶ μῆτις ἀμείνων* || **102** Nonn. P. 16, 4 *ἀλλὰ ταχὺς χρόνος οὗτος*, 16, 119 *ἐγγύϑι δὲ χρόνος οὗτος, ὅτε σκίδνασϑε φυγόντες* | Nonn. D. 38, 367 *Σείριος αἰϑαλόεις*, 5, 276; 13, 282 *Σείριον αἰϑαλόεντος ἀναστέλλων πυρετοῖο*, et iam Nic. Th. 779 *καὶ ἦν μέγα Σείριος ἄζῃ*: at coniectura Gerstingeriana textum minime probabilem exhibet, vd. enim quae collegimus ad v. 26, ubi tempus autumni, vix veris descriptum esse contendimus || **103** Hymn. Hom. Cer. 311 *γεράων . . . τιμήν* | Nonn. D. 46, 350 *ἔσσο . . . τιμήορος*, 48, 413 *ἔσσομαι . . . τιμήορος* | *τ* 510 *ἔσσεται . . . ὥρη* || **104** de hac invocatione vd. A. J. Festugière, Une formule conclusive dans la prière antique, SO 28, 1950, p. 89–94; Post-scriptum sur *ναί*, ib. 29, 1952, p. 78 | *φυτοσπόρος* Nonn. D. 21, 256; 33, 42; 41, 315, P. 8, 105; Christod. A. P. 2, 106 *ἔφαινε φυτοσπόρον* | Nonn. D. 8, 276 *ὄμβρον . . . ἀρούρης*, 38, 417 *ὄμβρος . . . ἀρούρας* | *πότνα* non Nonnianum || **105** Nonn. D. 22, 124 *εἰσέτι δαινυμένοισι*, Ioh. Gaz. 1, 78 *εἰσέτι χιονέοισιν* | Nonn. D. 48, 19 *ὅπως . . . εἴη* | Aesch. Ag. 1545 *ἄχαριν χάριν*, Cho. 44 *χάριν ἀχάριτον*, Eur. Phoen. 1757 *χάριν ἀχάριτον*, I. T. 566 *χάριν ἄχαριν* etc.; *εὔχαρις* ap. Nonnum deest || **106** Nonn. D. 1, 344; 2, 163 *ἡ μὲν ἔφη*, *σ* 40 *ὣς ἔφαϑ', οἱ δ' ἄρα πάντες ἀνήιξαν γελόωντες* | *Ξ* 183 *χάρις δ' ἀπελάμπετο πολλή*, Christod. A. P. 2, 324 *σέβας δ' ἀπελάμπετο μορφῆς* (Viljamaa, p. 58), et vid. Livrea ad Coll. 319 || **107** Eur. I. T. 1148–1149 *εἰς ἔριν ὀρνυμένα*, Nonn. D. 6, 11 *εἰς ἔριν οἰστρηϑέντας* | Ap. Rh. 4, 1767 *δῆριν ἀμεμφέα* | Nonn. D. 16, 11; 35, 189 *ἐν δὲ ῥεέϑροις*, 7, 180 *παρ' . . . ῥεέϑροις* || **108** Ap. Rh. 1, 1228–1229 *ἡ δὲ νέον κρήνης ἀνεδύετο καλλινάοιο Νύμφη ἐφυδατίη*, Nonn. D. 5, 189 *παρήορον αὐχένι νύμφης* || **109** de contentione sine ira *ἐριδμαίνειν* usurpatur ap. Mosch. Eur. 69 (ubi vd. Bühler), Nonn. D. 10, 159 || **112** Hes. Op. 20 *ἐπὶ ἔργον ἔγειρεν* || **113** *τλησίπονος* Opp. Hal. 1, 35, Cyn. 4, 4, Nonn. D. 9, 301 | Nonn. D. 1, 213–214 *ἀγραύλοιο πεπαυμένον ἱστοβοῆος ταῦρον*, 41, 24 *ἐφ' ἱστοβοῆι γεωμόρος αὐχένα κάμψας*. de fine versus cf. Hes. Op. 431. 435 al. || **115** *Θεσ-*

μοφόρια et *Προηρόσια* in honorem Cereris ante arandi tempus mense *Πυανεψιῶνι* celebrantur, vd. Deubner, Attische Feste, Darmstadt 1969[3], p. 50 sqq. et H. W. Parke, Festivals of the Athenians, London 1977, p. 73 sqq., 195. Eleusinios cultus extrema quoque aetate floruisse docent Zosim. 4, 18 exemplum proferens Nestorii, Plutarchi avi, qui *ἐν ἐκείνοις τοῖς χρόνοις* (sc. Valente a. 375 imperante) *ἱεροφαντεῖν τεταγμένος* Athenienses e terrae motu eripuit, nec non Suda *π* 2472 Adler *Πρόκλος, ὁ Προκλήιος* (sc. discipulus Procli Magni, vd. Nilsson, GGR 2, p. 348[5]) *χρηματίσας, Θεμεσίωνος, Λαοδικείας τῆς Συρίας, ἱεροφάντης*. vd. etiam S. Eitrem, SO 22, 1942, p. 55–56 | Suda *α* 3852 Adler *Ἄρης· κυρίως ὁ σίδηρος* (Keydell), Nonn. D. 22, 262 *αὔλακες ... ἐνυμφεύθησαν ἀρότρῳ*, Ioh. Gaz. 2, 130 *καὶ χθὼν τερπομένη νυμφεύετο*. Cereris vero et Martis templa Hermionensia finitima fuisse docet Paus. 2, 35, 9. de Martis natura chthonica cf. Soph. O. T. 190 sqq., Artemid. 2, 34, Paus. 8, 44, 7, et vd. P. Kretschmer, Ares, Glotta 11, 1921, p. 195–198; F. Schwenn, Ares, ARW 22, 1923–1924, 224–244, praesertim 238; O. Kern, Die Religion der Griechen I, Berlin 1926, p. 119–120 et 121–122 de Triptolemi bellica indole. fortasse noster pendet ex interpretatione quadam loci *Η* 330 *ὀξὺς Ἄρης* = 'gladium', de qua vd. Plut. Mor. 23 c nec non Antip. Thess. A. P. 7, 531, 2 = XXIII 202 Gow-Page, Philipp. A. P. 7, 234, 6 = XXXI 2844 G.-P., Artemid. 5, 87. ceterum Martem satorem et messorem novimus, Eur. H. F. 252 *ὦ γῆς λοχεύμαθ', οὓς Ἄρης σπείρει ποτέ, λάβρον δράκοντος ἐξερημώσας γένυν*, Ap. Rh. 3, 1187 *Ἄρεος ἀμώοντος* | Nonn. D. 11, 213; 31, 39 *ὄμπνια Δηώ*; vd. Pfeiffer ad Call. fr. 1, 10 et Philetae Coi reliquiae ed. G. Kuchenmüller, Diss. Berlin 1928, p. 103–104 || **116** *Λ* 761, Patric. Homerocent. 1, 12 Ludwich *πάντες δ' εὐχετόωντο*; verbum ap. Nonnum deest || **117** Nonn. D. 45, 53 *βωμὸν ἀναστήσας*, 47, 712 *βωμὸν ἀναστήσωσι* (~ Ap. Rh. 2, 689 *βωμὸν ἀναστήσαντες*); 37, 99 *τάφον αἰπυτέροισιν ἀνεστήσαντο δομαίοις*. ad coniecturam Keydellianam (*ἀναψαμένῳ*) cf. Nonn. D. 5, 270; 7, 166; 25, 290; 44, 101, P. 13, 1 | Nonn. D. 6, 3 *Δηῴης ... θεαίνης* | Nonn. D. 5, 6 *δὲ θυηλάς* || **118** Nonn. D. 11, 156 *καί τις ἀπὸ σκοπέλοιο κατέδραμε ταῦρος ἀλήτης* | Nonn. D. 20, 116 *ἄγριον ἡνιόχευε καλαύροπι ταῦρον ἀλήτην*, 23, 158 *εἰς πλόον ἡνιόχευε καλαύροπι ταῦρον ὁδίτην* || **119** de verborum structura cf. Nonn. D. 13, 56; 14, 52; 43, 343 nec non 14, 340 al.;

24, 129 al.; 48, 32 al.; 5, 33 al.; 32, 181; 39, 218 etc. | Nonn. D. 34, 255 *συνεστιχόωντο βοτῆρες* | Coll. 100 *φοιτητῆρες Ἔρωτες ἐπερρώοντο τιθήνῃ* || 120 de sacerdote Eleusiniae religionis, qui *ἐπιβώμιος* seu *ὁ ἐπὶ βωμῷ* vocatur, vd. Nilsson, GGR 2, p. 356 | Nonn. D. 9, 118 *νυκτιχόρευτον ἀναψαμένη φλόγα πεύκης*, et 21, 144; 39, 35; 48, 202; 32, 206; 2, 320; 27, 262; 47, 28; 3, 43; 34, 136 | Hymn. Hom. Cer. 97. 318. 490 *Ἐλευσῖνος θυοέσσης*, Nonn. D. 9, 286 – 287 *σὺν ἀγρύπνοισι δὲ πεύκαις Κωρυκίδες θυόεντα μετέστιχον ὄργια Βάκχαι* | Nonn. D. 13, 188 *Ἐλευσινίην χθόνα Δηοῦς*, et 27, 307; 31, 67; 48, 958 || 122 Ξ 187 *πάντα . . . θήκατο κόσμον* | *ἀμαλλήεις* semel dictum || 123 Ο 207 *ὅτ' ἄγγελος αἴσιμα εἰδῇ*, Nonn. D. 3, 88; 5, 123 *ἄγγελος ἐσσομένων*, 44, 45 *ἄγγελον ἐσσομένων*, 7, 339 *ἄγγελον ἐσσομένων . . . βότρυν* | Hes. Op. 664 *καματώδεος ὥρης*, Nonn. D. 2, 655 *παρὰ σταχυώδεϊ κούρῃ*, Anonym. XXXVI recto a 16 Heitsch[2] *ἐνναέται Θήβης σταχυώδεος ὑμνείουσιν* || 124 Nonn. D. 21, 281; 40, 225 *ἐπωρχήσαντο δὲ Βάκχαι* || 125 respicitur Hymn. Hom. Cer.; vd. etiam Apollod. 1, 5, 1; Nonn. D. 6, 1 sqq., 19, 84 sqq. | Nonn. D. 47, 99 *ξεινοδόκου Κελεοῖο*; cf. Bacchyl. fr. 3 Snell-Maehler, Pamph. ap. Paus. 1, 39, 1, Apollod. 1, 5, 1; 3, 14, 7, Nic. Th. 486, schol. Ar. Eq. 695, Ov. Fast. 4, 507 sqq., Serv. et Philarg. ad Verg. Georg. 1, 163, Myth. Vat. 1, 18 || 126 Hymn. Hom. Cer. 450 *εἰς δ' ἄρα Ῥάριον ἷξε, φερέσβιον οὖθαρ ἀρούρης*. *Ῥαριὰς βασίλεια* est Demetra quae *Ῥαριὰς* audiebat, cf. Call. fr. 21, 10 Pfeiffer, Hermes. fr. 7, 19 – 20 Powell (text. dub.), Epigr. Gr. 931, 6 Kaibel, Choerob. 43, 28 (= Gramm. Gr. 4, 2 Hilgard), Steph. Byz. s. v. *Ῥάριον πεδίον* (p. 543, 12 – 13 Meineke), Suda ρ 50 *Ῥαριάς* (4, 285, 7 Adler); vd. etiam quae collegit N. J. Richardson, The Homeric Hymn to Demeter, Oxford 1974, p. 297 – 298 | *μέλποντο* fortasse ex *ἀμύμονος Εὐμόλποιο* Hymn. Hom. Cer. 154 || 127 Nonn. D. 8, 51 al. *ἧς χάριν* | Nonn. D. 12, 17 *ἠσπάζοντο* eodem vs. loco || 129 Apollod. 1, 5, 1 – 2 *Τριπτολέμῳ δὲ . . . δίφρον κατασκευάσασα πτηνῶν δρακόντων*, Cornut. 28 *πτερωτῶν δρακόντων ὄχημα*, Orph. Hymn. 40, 14 *ἅρμα δρακοντείοισιν ὑποζεύξασα χαλινοῖς*, Nonn. D. 13, 188 sqq. *οἳ τ' ἔχον ἀγλαόπαιδος Ἐλευσινίην χθόνα Δηοῦς μυστιπόλοι ταλάροιο καὶ εὐκάρποιο θεαίνης Τριπτολέμου γεγαῶτες ἀφ' αἵματος, ὅς ποτε Δηοῦς δίφρον ἐχιδνήεντα δι' ἠέρος ἡνιοχεύων στικτὰ φερεσταχύων ἐπεμάστιε νῶτα δρακόντων*, 19, 86, nec non Greg. Naz. Or. 34, 4 *οὐδὲ Κόρη τις ἡμῖν ἁρπάζεται* καὶ Δημήτηρ πλανᾶται καὶ Κελέους τινὰς ἐπεισάγει καὶ Τριπτολέμους καὶ δράκοντας καὶ τὰ μὲν ποιεῖ, τὰ δὲ πάσχει. vd. Fehrle, Roscher 5, c. 1137 et cf. Soph. fr. 596 Pearson δράκοντε θαιρὸν ἀμφιπλὶξ εἰληφότε, Ovid. Met. 5, 642 geminos dea fertilis angues curribus admovit frenisque coercuit ora, Fast. 4, 497 frenator curribus angues iungit | Nonn. D. 20, 390–391 ὄφρα ... δίφρον ... ζεύξειεν | Nonn. D. 20, 38 ζυγὰ δίφρων || **130** θεσμοφόρον (cf. Nonn. P. 4, 125; 7, 81. 159) hic non obscure dictum (Page), at = θεσμοφοριάζοντα | Nonn. P. 6, 131 ἀγήνορα λαὸν ἐλέγχων, 5, 43 = 8, 188 λαὸς ἀγήνωρ | Coll. 217 Ἀθηναίης ἀπὸ δήμων, de quo vd. Al. Cameron, Demes and Factions, ByzZ 67, 1964, 74. 91 et Circus Factions, Oxford 1976, p. 33[3] || **131** Call. fr. 12, 6 Pfeiffer καὶ τὰ μὲν ὣς ἤμελλε μετὰ χρόνον ἐκτελέεσθαι, Ap. Rh. 2, 345 καὶ τὰ μὲν ὥς κε πέλῃ, τὼς ἔσσεται, nec non 1, 1309; 2, 528, Arat. 818 καὶ τὰ μὲν οὖν ἐπὶ μηνὶ σεληναίης κε πύθοιο, Verg. Aen. 8, 18 talia per Latium, Q. S. 1, 128. 610 καὶ τὰ μὲν ὣς ὥρμαινε, Nonn. D. 45, 323 καὶ τὰ μὲν ἐν σκοπέλοισι, Paul. Sil. S. Soph. 859 ἀλλὰ τὰ μὲν περὶ πέζαν. – καὶ τὰ μὲν ἐν = Τ 249, Ψ 243, μ 171, ξ 429, π 232 | Hes. Op. 405 βοῦν τ' ἀροτῆρα, Nonn. D. 2, 51 βοῦν ἀροτῆρα | Nonn. D. 7, 83 γαῖα χαρασσομένη σταχύων μνηστῆρι σιδήρῳ, 13, 481 etc. || **132** Σ 541 νειὸν μαλακήν, πίειραν ἄρουραν | μεταλλεύοντες = σκάπτοντες, cf. Pall. v. Chrys. 20 p. 127, 10 Coleman-Norton || **133** Nonn. D. 15, 45 μαστίζων ἑκάτερθε, 15, 159 ἰσχία μαστίζουσα ... ἐλεφάντων, 14, 178–179 οὐρῇ ἰσχία μαστίζουσα ... φορῆος | Nonn. D. 29, 203 συνωρίδα δίζυγα ταύρων et 3, 395; 9, 96 | ἰσχία ταύρων Nonn. D. 2, 406, at ἴχνια ταύρου 1, 139 ex Ap. Rh. 3, 1288–1289 ταύρων ἴχνια || **134** papyri scriptio e Ρ 619 κατὰ δ' ἡνία χεῦεν ἔραζε fluxit | Ε 262. 322 ἡνία τείνας, Nonn. D. 25, 323 ἡνία τείνας | ἐπ' ἰξύος eodem vs. loco Nonnianum, D. 6, 293 || **135** Antip. Sid. A. P. 6, 219, 10 = LXIV 616 Gow-Page εὐτρήτοισιν ... μυκτῆρσιν || **136** Orph. Hymn. 10, 3 Quandt (ὦ φύσι) πανδαμάτωρ, Hymn. Mag. 21, 11 (= 3, 43 Preisendanz) Φύσι ... ἀδάμαστε, Nonn. D. 2, 650 ταμίη κόσμοιο, παλιγγενέος Φύσις ὕλης de Natura, et vd. Leisegang s. v. Physis, R. E. 20, 1 (1941), 1129, 33 sqq. et Vérilhac, Bull. Corr. Hell. 96, 1972, p. 427–433. de adiectivi πανδ. usu disseruit Kost, p. 396–397; cf. Epigr. Gr. 810, 8 Peek πανδαμάτειρα Τύχη, Orac. Chald. fr. 88, 1 Des Places ἡ φύσις πείθει | ante πειθήμονι caesura haud Nonniana est | ad numeros Christod. A. P. 2, 12 et 242 adducit

Viljamaa, p. 57, at cf. etiam Nonn. P. 1, 153; 3, 77 = 5, 90; 4, 70; 6, 221; 9, 88; 9, 115 = 11, 137; 13, 41; 10, 144 ‖ **137** *Π* 392, *χ* 303, Coll. 7 *ἐξ ὀρέων* | Hesych. a 7376 Latte *ἄροτρα* (H: *ἄρουρα* K perperam)· *γῆ. χώρα. πλέθρα*, Arat. 112 *ἀλλὰ βόες καὶ ἄροτρα*, Pind. P. 4, 234–235 *βοέους δήσαις ἀνάγκᾳ ἔντεσιν αὐχένας*, Q. S. 5, 249–250 *ταῦροι δ' ὀβριμόθυμοι ὑπὸ ζεύγλῃς δαμόωνται ἀνθρώπων ἰότητι* ‖ **138** totum locum perobscurum interpretati sumus ZPE 25, 1977, p. 130 | Q. S. 11, 300 *ἐοικότες ὠμοβόροισιν* | Hes. Op. 235 *τίκτουσιν δὲ γυναῖκες ἐοικότα τέκνα τοκεῦσι*, Theocr. 17, 44 *τέκνα δ' οὐ ποτεοικότα πατρί*, Q. S. 5, 527 *Εὐρυσάκην τέκεθ' υἱὸν ἐοικότα πάντα τοκῆι*, Nonn. P. 1, 38 *ἀλλὰ θεοῦ γεγάασιν ἀνήροτα τέκνα τοκῆος*, 8, 123. 140 *τέκνα . . . τοκῆος* ‖ **139** Nonn. D. 19, 272 *ἐκταδίην πτύχα μηρῶν*; de structura cf. 19, 77; 37, 474 | Nonn. D. 7, 83 *γαῖα χαρασσομένη*, 40, 331 *ἐχαράσσετο βῶλος ἀρότρῳ* | Anonym. A. P. 9, 656, 15 *τανυπλεύροισιν . . . πέτροις*, Nonn. P. 5, 4 *τανυπλεύρῃσι ὑπ' αἰθούσῃσι* ‖ **140** Poll. 7, 147 *ἡ ἀμπελόφυτος γῆ, εἰ μὴ κατὰ στοῖχον εἴη πεφυτευμένη· στοιχὰς δέ, ἡ κατὰ στοῖχον*, Eust. 1524 *ὅτι δὲ καὶ διάφορα εἴδη ἀμπέλων, οἱ παλαιοὶ δηλοῦσιν· ἐν αἷς καὶ ἡ ἐνστὰς εἰκῆ, φασί, πεφυτευμένη ἄμπελος, καὶ ἡ στοιχάς, ἡ κατὰ στοίχους δηλαδή* | *ἐριβῶλαξ* Homericum, non Nonnianum ‖ **141** Ap. Rh. 3, 1333 *κατὰ ὦλκας ἀρότρου*, 1335 *λαῖον ἐπὶ στιβαρῷ πιέσας ποδί*, Verg. Georg. 1, 45 depresso . . . aratro, Nonn. D. 14, 96 *παλάμην . . . ἐρείσας* ‖ **142** Aristoph. Vesp. 247 *μή που λίθος τις ἐμποδὼν ἡμᾶς κακόν τι δράσῃ* | *E* 308 *τρηχὺς λίθος*, Ap. Rh. 3, 1393 *τετρηχότα βῶλον*, Nonn. D. 21, 8–9 *πέτρῳ τρηχαλέῳ*, 39, 343 *τρηχαλέου . . . λίθου* | Hes. Op. 28 *ἀπ' ἔργου θυμὸν ἐρύκοι* ‖ **143** *Ω* 228 *κιβωτῶν* (v. l.); ad *κιβωτὸν Δήμητρος* cf. Paus. 10, 28 et vd. Frazer ad 8, 25, 7 (= 4 p. 292–293) ‖ **144** ad *ἀνδρομ. γενέθλ.* cf. Nonn. D. 7, 96; 16, 220; 24, 324; 33, 59; 41, 156, P. 15, 78; 17, 71, Apolin. Ps. 32, 27, Christod. A. P. 2, 356 | Nonn. D. 41, 214 *θρέπτειρα γενέθλης* ‖ **145** *φυτοσπόρος* Nonn. D. 21, 256; 33, 42; 41, 315, P. 8, 105 ‖ **146** cf. *Z* 194, *N* 707, *I* 580; *τέμενος* hic instituitur | *Φ* 602 *πεδίοιο . . . πυροφόροιο*, *γ* 495, Hymn. Hom. Ap. 228 *πεδίον πυρηφόρον*, Ap. Rh. 1, 628 *τεύχεα πυροφόρους τε διατμήξασθαι ἀρούρας* | *βάκτρῳ* v. concludit Nonn. D. 7, 44; 11, 354; 14, 102 ‖ **147** anni tempus gruisque vitia respiciunt Hes. Op. 448 sqq. *φράζεσθαι δ', εὖτ' ἂν γεράνου φωνὴν ἐπακούσῃς ὑψόθεν ἐκ νεφέων ἐνιαύσια κεκληγυίης, ἥ τ' ἀρότοιό τε σῆμα φέρει καὶ χείματος ὥρην δεικνύει ὀμβρηροῦ*,

Theogn. 1197, Aristoph. Av. 710, Theocr. 10, 31 *ἁ γέρανος τὤροτρον* (sc. *διώκει*), Antip. Sid. A. P. 7, 172, 1–2 = XXII 312–313 Gow-Page *καὶ ἁρπάκτειραν ἐρύκων σπέρματος ὑψιπετῆ Βιστονίαν γέρανον*, Theophyl. Sim. Ep. 5, Etym. Magn. 227, 56 etc. in universum vd. Ael. H. A. 2, 1 et Gossen-Steier, s. v. Kranich, R. E. 11, 2 (1922), 1572 | cum aquilis grues pugnant (*O* 692, Q. S. 13, 104, Ael. H. A. 3, 13) et cum Pygmaeis (*Γ* 6 et alibi, vd. D'Arcy Thompson, p. 72–73; aliter Nonn. D. 14, 331sqq.), at cf. Arist. H. A. 9, 615 b 6. hic tamen pugnae cum agricolis fortasse respiciuntur, cf. Q. S. 11, 110sqq. *ὡς δ' ὅτε τις γεράνοισι τανυφθόγγοισι χολωθεὶς οὖρος ἀνὴρ πεδίοιο μέγ' ἀσχαλόων ἐπ' ἀρούρῃ δινήσας περὶ κρατὶ θοῶς καλὰ νεῦρα βόεια λᾶα βάλῃ κατέναντα, διασκεδάσῃ δ' ὑπὸ ῥοίζῳ ἠέρι πεπταμένας δολιχὰς στίχας, αἱ δὲ φέβονται, ἄλλη δ' εἰς ἑτέρην εἰλεύμεναι ἀίσσουσι κλαγγηδόν, μάλα πάγχυ πάρος κατὰ κόσμον ἰοῦσαι* | cf. *Ω* 658 et de structura Nonn. D. 28, 39; 43, 71; 37, 104 || **148** Nonn. D. 14, 337 *ἱπτάμεναι νεφεληδόν*, 36, 36–37 *καὶ γεράνων μιμηλὸς ἔην τύπος ἠεροφοίτης ἱπταμένων στεφανηδὸν ἀμοιβαίῳ τινὶ κύκλῳ*, Opp. Hal. 1, 624 *τῇσι δ' ἄρ' ἱπταμένῃσι* (sc. *γεράνοις*). *ἰλαδόν*, quod ap. Nonnum non usurpatur, de avibus ponitur Ap. Rh. 4, 240, Q. S. 3, 360 et ad gruem *πολιτικὸν καὶ ὑφ' ἡγεμόνα* (Arist. H. A. 488 a 12) facit, cf. Ael. H. A. 3, 13, Plut. Mor. 967 b, Plin. N. H. 10, 58 etc. | Nonn. D. 19, 102 *δίστιχον ἁρμονίην ἀνεβάλλετο Φοιβάδι μολπῇ*, Coll. 115 *φίλην ἀνεβάλλετο μολπήν*, Christod. A. P. 2, 130 *λιγυρὴν ἀνεβάλλετο μολπήν* || **149** Nonn. D. 2, 92 *κῶμον ἄγουσα θαλύσιον*. Ceres *Θαλυσιάς* ap. Nonnum vocatur (19, 88; 40, 347; cf. 11, 501), at *Θαλυσιὰς κούρη* 12, 103 = Hora autumnalis, cf. Peek s. v., unde patet hic tempus autumni respici | Hymn. Hom. Ap. 161 *ὕμνον ἀείδουσιν*, Hes. Op. 662 *ὕμνον ἀείδειν*, Nonn. D. 20, 87 *ὕμνον ἀείδων*, 11, 301 *ὕμνον ἀείδεις*; de aliis locis vd. W. Seelbach, Die Epigramme des Mns. u. d. Theod., Wiesbaden 1964, p. 41–42 || **150** *οὐ γὰρ ὀίω* Hom. passim, cf. Christod. 123. 161 (Viljamaa, p. 58) || **151** ad elisionem, quae minime Nonniana est, cf. *β* 76 *τάχ' ἄν ποτε καὶ τίσις εἴη*, [Mosch.] 3, 55 *τάχ' ἂν καὶ κεῖνος*, Mus. 174 *τάχ' ἂν καὶ πέτρον ὀρίναις* | Call. Ap. 25 *κακὸν μακάρεσσιν ἐρίζειν*, Anonym. XXXVII 25 Heitsch[2] *μακάρεσσιν ἐρίζω*, Nonn. D. 2, 267 *μαρνάσθω μακάρεσσιν* || **152** Nonn. D. 12, 28 *οὐ στάχυν, οὐ λειμῶνα . . . ἀέξω*, 42, 298 *στάχυς ἠέξητο* || **153** Eleusinia mysteria redolet iunctura, vd. quae collegit F. Cumont, Lux

Perpetua, Paris 1949, p. 401 – 405. cf. ceterum Bacchyl. 13, 157, Eur. Tro. 857. 345. 1251 et Nonn. D. 38, 73 *γλυκερῇσιν ἐπ' ἐλπίσιν* | Nonn. D. 10, 281; 15, 391, Paul. Sil. S. Soph. 738 *ἵλαος εἴη* || **154** Orph. Hymn. 40, 9 (de Cerere) *καὶ βίον ἱμερόεντα βροτοῖς πολύολβον ἀνεῖσα* | Nonn. D. 38, 31 *μάθεν ὄργια*, 46, 81 *μαθεῖν . . . ὄργια Βάκχου*, Ap. Rh. 1, 920 *ὄργια κεῖνα*. sacra Metaniram ipsa Ceres docet Hymn. Hom. 273 – 274 *ὄργια δ' αὐτὴ ἐγὼν ὑποθήσομαι ὡς ἂν ἔπειτα εὐαγέως ἔρδοντες ἐμὸν νόον ἱλάσκοισθε*, et vd. quae collegit Richardson, p. 302 – 303 || **156** *πολύλλιτε* cf. ε 445, Hymn. Hom. Cer. 28, Ap. 347, Call. Ap. 80, Del. 316, Orph. Hymn. 32, 14; 35, 2; 41, 9 *πολυλλίστη βασίλεια*, Maneth. 6, 741, Nonn. P. 3, 148; 16, 97 || **158** Nonn. D. 35, 202 *εἰσιδέειν* | Hes. Op. 392 – 393 *εἴ χ' ὥρια πάντ' ἐθέλησθα ἔργα κομίζεσθαι Δημήτερος*, 422 *ὥρια ἔργα*, Paul. Sil. S. Soph. 316 *θερειγενὲς ἔργον ἀμάλλης* || **159** Nonn. D. 38, 70 *τοῖα γέρων ἀγόρευε*, 8, 14 *τις σύριγγι γέρων ἐμελίζετο ποιμήν*, 16, 287 – 288 *μέλος . . . ἀμείβετο* | *ἀπαμειβ.* ap. Nonnum semel dictum, D. 8, 165 || **160** de structura numerosa cf. ex. gr. Theocr. 1, 95 – 96 | *T* 97, Nonn. D. 1, 477; 11, 152; 35, 87, 203 *θῆλυς ἐοῦσα* || **161** Nonn. D. 40, 416 *εἷμα φέρων*, 1, 412 *φορέων . . . εἷμα*, 13, 459 *εἷμα λαβοῦσα* | Nonn. D. 23, 199 *δεσμὰ πεδίλων*, Christod. A. P. 2, 298 *δεσμὰ πεδίλου* || **162** Hes. Op. 198 *λευκοῖσιν φαρέεσσι καλυψαμένω χρόα καλόν*, Anacr. fr. 388, 1 Page *καλύμματ' ἐσφηκωμένα*, Q. S. 3, 586 *κυανέοισι καλυψάμεναι χρόα πέπλοις*, Coll. 183 *οἷα δὲ χαλκείοισι καλυψαμένη χρόα πέπλοις*, nec non Nonn. D. 44, 55 *κοσμήσαντα γυναικείῳ χρόα πέπλῳ*, 11, 492 *κρήδεμνον ἐπισφήκωσε μετώπῳ* || **163** Nonn. D. 18, 117 *αὐχενίῳ ζωστῆρι περίπλοκον ἀσκὸν* et 14, 166; 41, 105; 5, 313; 2, 110; 48, 660; 4, 68 | Nonn. D. 40, 160; 47, 655 *δὲ καρήνου* || **164** Schol. D ad *B* 165 (*ἀμφιελίσσας*) *ἀμφοτέρωθεν . . . ἐλαυνομένας, ἢ εἰς ἑκάτερα τὰ πλευρὰ στρεφομένας* | *παλθλίβω* deest ap. Nonnum || **165** *ἀνδρεῖος* vox non Nonniana || **166** Nonn. D. 5, 113 – 114 *αἴγλης ἑσπερίης* | Nonn D. 46, 310 *τεὴν στάζουσιν ἐέρσην*, cf. Pamprep. 3, 19 || **167** *Z* 202 *πάτον ἀνθρώπων ἀλεείνων*, Hes. fr. 204, 131 – 132 Merkelbach West *ἀνὰ δρυμὰ πυκνὰ καὶ ὕλην εἰσι*]*ν ἀ*[*λ*]*υ*[*σ*]*κάζων καὶ ἀπ*[*ε*]*χθαίρων πάτον ἀνδρῶν*, Nonn. D. 8, 329 *Κάδμος ἀλυσκάζει πάτον ἀνδρῶν*. ad verbum cf. Kost ad Mus. 299, p. 507 | *κρυμνώδης* ap. Nonnum deest || **169** Aphroditem illam Musei Vaticani (Gabinetto delle Maschere 433) contulit Beazley ap. Page ad loc.: vd. etiam O. Brendel,

Weiblicher Torso in Oslo, Antike 6, 1930, p. 41–64 (Abb. 2, 3, 4, 8) | *νιφόβλητος* Nonnianum, D. 2, 432. 529; 48, 470 | Nonn. D. 4, 341 *πέζαν ἀναστείλαντα χιτῶνος*, 48, 316 = 339 *ἀναστείλασα χιτῶνα*, 15, 254 *ἀναστείλωσι χιτῶνα* || 170 *γύμνωσεν* intransitive positum difficilius, unde supplementum Maasianum praeferendum, cf. Nonn. D. 4, 440; 15, 115; 37, 362; 38, 375; 10, 368 | *Δ* 146–147 *μηροὶ εὐφυέες*, Nonn. D. 29, 208, et persaepe *πτύχα μηρῶν* Nonn. D. 18, 250; 19, 272; 35, 32; 48, 118 etc., P. 21, 41 et D. 18, 250 *ἐς ἀκροτάτην πτύχα μηρῶν*, 5, 21, Christod. A. P. 2, 80–81 *φᾶρος δὲ συνήγαγεν ἄντυγι μηρῶν, χρυσείῃ πλοκαμῖδας ὑποσφίγξασα καλύπτρῃ* || 171 Nonn. D. 15, 214 *οὐ βοέης ἀγέλης ἐμπάζετο*, 48, 667 *βοῶν ἀγέλαις μεμελημένον* | de distractione Nonniana (iam Antip. Thess. A. P. 9, 408, 2, Maneth. 6, 445, D. P. 775, Q. S. 14, 63, Procl. Hymn. 3, 3; 7, 32 etc.) vd. Keydell, Prol. p. 52*. verbum *ἀλάομαι* ad animalia referunt Lycophr. 739, [Opp.] Cyn. 1, 493; cf. Nonn. D. 11, 156 *ταῦρος ἀλήτης*, 42, 269 *ἀλωομένην Ἀφροδίτην* || 172 fortasse de capra (cf. 176) dicitur quae oculos suos caecat ut eorum morbo medeatur, cf. Leon. Alex. A. P. 9, 123, Ael. H. A. 7, 14 *ὅταν αἲξ νοήσῃ τὸν ὀφθαλμὸν ἐπιθολωθέντα αὐτῇ πρόσεισι βάτῳ καὶ παραβάλλει τῇ ἀκάνθῃ τὸ ὄμμα*, Plin. N. H. 8, 50, 201 oculos suffusos capra iunci punctu sanguine exonerat, caper rubi, Geop. 18, 18, 3 | Nonn. D. 15, 217–218 *δαμάλη . . . ποιμένα μαστεύουσα* | Suda ε 3672 Adler (= Phot., Anecd. Bachm. 241, 22) *εὔπτορθον· εὔκλαδον*. adiectivum post Anonym. A. Pl. 96, 4 Nonnus usurpat (D. 2, 94 *ἐυπτόρθοιο διχαζομένοιο κορύμβου*), qui effingit *φιλό-* (D. 13, 261), *πολύ-* (P. 15, 12), *τανύ-* (D. 17, 149; 48, 611). vd. ad v. 61 | Theocr. 24, 89 *ἢ παλιούρῳ*, Nic. Th. 868 *ἐυρρήχου παλιούρου*, Verg. Ecl. 5, 39 et vd. K. Lembach, Die Pflanzen bei Theokrit, Heidelberg 1970, p. 73–74 || 173 Q. S. 5, 622 *ἀγαλλομένους ποσὶν ἵππους* fortasse conferendum | Nonnus *κεραελκής* tantum, *κερεαλκής* nusquam usurpat, vd. Peek s. v. et cf. Bornmann ad Call. Dian. 179, Livrea ad Ap. Rh. 4, 468 || 174 ad *γλακτοφάγος*, quod ap. Nonnum deest, cf. *N* 6, Hes. fr. 151 Merkelbach-West || 175 Ioh. Gaz. 1, 318–319 *καὶ διδύμους γλαγόεντας ἐπισφίγγουσα . . . μαζούς*, Nonn. P. 21, 112 *καί σε περισφίγξουσιν* | *πολύρρυτος*, quod ex Aesch. Suppl. 843, Soph. El. 1419 al. fluxit, ap. Nonnum deest | Nonn. D. 5, 378 etc. *ἄντυγα μαζῶν* || 176 Nonn. D. 48, 366 *γλαγόεσσαν ἀναβλύζουσιν ἐέρσην* (sc. *μαζοί*), 9, 31 *γλαγόεσσαν ἀνέβλυεν ἰκμά-*

δα μαζῶν, 45, 300 *γλαγόεσσαν ἀνέβλυον ἰκμάδα μαζοί*, et 14, 362; 17, 44; 28, 315 || **177** vd. quae collegit Kost ad Mus. 232, p. 436 | Nonn. D. 39, 5 *ἑσπερίῳ . . . ἐπωλίσθησε ῥεέθρῳ* | *Z* 4, Ap. Rh. 4, 1546, D. P. 307, Nonn. D. 14, 386; 33, 214, P. 21, 14, Coll. 211 *στόμα λίμνης* || **178** Nonn. D. 7, 315 *ἀτραπὸν ἠερίην*, 36, 33 *ἠερίης πέμπουσα δι᾿ ἄντυγος ἰόν* | *O* 452 – 453 *ἵπποι . . . κροτέοντες*, Hymn. Hom. Ap. 234, Nonn. D. 29, 197 – 198 *πῶλοι χαλκείῃ κροτέοντες ἀρασσομένην κόνιν ὁπλῇ* | *ὑπ᾿ ἴχνεσιν* habent Carm. de vir. herb. 85 Heitsch, Mus. 162, Paul. Sil. S. Soph. 538 || **179** Nonn. D. 14, 269; 43, 23 etc. *ἄντυγι* (-*α*) *δίφρου* | Nonn. D. 26, 145 *Ἕσπερος, ἑσπομένης λιποφεγγέος ἄγγελος ὄρφνης*, Mus. 238 *ὡς δ᾿ ἴδε κυανέης λιποφεγγέα νυκτὸς ὁμίχλην*, Ioh. Gaz. 2, 245 *Νὺξ δὲ μελανκρήδεμνος ἀφεγγέα κῶνον ὁμίχλης εἷλκε* || **180** Nonn. D. 41, 55 *ἠέρος ἀτμῷ* | ad *πάλιν* cf. 71 sqq. | *νεφελώδης* ap. Nonnum deest || **181** Nonn. D. 2, 482 – 483 *ἀπὸ χθονίου κενεῶνος . . . ἀνέδραμεν ἀτμὸς ἀρούρης*, 497 – 498 *ἀπὸ χθονίοιο δὲ καπνοῦ . . . ἐμαιώθησαν ἀῆται*, 499 *ἀτμίδα γαίης* qui totus pendet e doctrinis Arist. De mund. 4, 395 a 11 – 15, Epic. Ep. 2, 100 – 103, Lucr. 6, 121 – 131 etc.: vd. Vian ad loc., p. 185 | *ἀποκρύπτω* non Nonnianum || **181** vd. Livrea ad Ap. Rh. 4, 261 *τείρεα πάντα*, Q. S. 5, 9 *τείρεα πάντα* | *πουλυθέμεθλος* semel dictum, cf. Epigr. Gr. 1026, 4 Kaibel, Greg. Naz. Carm. 1, 1, 5, 1, Nonn. P. 14, 93; 4, 8, Mus. 71, Paul. Sil. Amb. 105 | *κ* 79 *οὐκέτι φαίνετο*, Diosc. fr. 3, 87 (XLII Heitsch[2]) *καὶ οὐκέτι φαίνομαι πάτρῃ* || **183** *υ* 113 *ἦ μεγάλ᾿ ἐβρόντησας*, Sapph. fr. 20, 9 Lobel-Page *μεγάλαις ἀήταις*, Call. Del. 318 *οὐχ οὕτω μεγάλοι μιν ἐπιπνείουσιν ἀῆται* || **184** *B* 148, *ο* 293, Alciphr. 3, 42, Paul. Sil. A. P. 5, 286, 2 = 59, 2 Viansino *λάβρος ἐπαιγίζων* | Nonn. D. 21, 105; 32, 158 *λάβρος ἀήτης* | Ioh. Gaz. 2, 144 *ῥηγνυμένων νεφέων* || **185** *χ* 389 *μνηστῆρες ἐπ᾿ ἀλλήλοισι κέχυντο*, Nonn. D. 22, 166 *ἐπ᾿ ἀλλήλοις δὲ χυθέντες* || **186** *Z* 408 *παῖδά τε νηπίαχον* || **187** Call. Dian. 54 *καὶ ὁππότε δοῦπον ἄκουσαν* (*K* 354, *κ* 556, *μ* 202, *π* 10), Q. S. 7, 530 – 532 *ὡς δ᾿ ὅτε νηπίαχοι περὶ γούνασι πατρὸς ἑοῖο πτώσσουσιν βροντὴν μεγάλου Διὸς ἀμφὶ νέφεσσι ῥηγνυμένην, ὅτε δεινὸν ἐπιστεναχίζεται ἀήρ*. cf. etiam *Z* 467, *Θ* 271, Iuven. 3, 175 – 176 nec non Soph. O. C. 1650 – 1651, Call. Dian. 70 – 71, Paus. 10, 26, 9, Nonn. D. 1, 427 || **188** Q. S. 4, 349 – 350 *νεφέλῃσι . . . ἐπ᾿ ἀλλήλῃσι θοροῦσαι*, Nonn. D. 31, 181 *οὐ βροντὴ βαρύδουπος ἀρασσομένων νεφελάων*, 38, 37 *καὶ πάταγον βρονταῖον ἀρασσομένων* *νεφελάων* ‖ **189** Call. Del. 136 *ὑψόθε δ' ἐσμαράγησε*, Nonn. D. 36, 90 *ἐσμαράγησε . . . Αἰθήρ* ‖ **190** Nonn. D. 35, 15 *παρθένος ἑλκεσίπεπλος*; alio sensu ac *Z* 442, *X* 105, Alc. fr. 130, 33 Lobel-Page, Nonn. D. 1, 103, Mus. 286 ‖ **191** Nonn. D. 16, 270—271 *γαῖα δὲ κηώεσσαν ἀναπτύξασα λοχείην φυταλιὴν ὤδινε*, 21, 26 *γαῖα δὲ καρποτόκεια*, et cf. Strat. A. P. 12, 225, 3 *καρποτόκου . . . Δημήτερος* | Ioh. Gaz. 2, 8 *ἐκ λαγόνων γονόεσσαν ἀνηκόντιζε γενέθλην*, Nonn. D. 48, 400 *μητρὸς* (sc. *Γαίης*) *ἔσω λαγόνων* ‖ **192** Nonn. D. 6, 273 *ἐπιτρέψαντες ἀήταις*, P. 6, 199 *πίστιν ἀλιπλανέεσσιν ἐπιτρέψαντες ἀέλλαις* ‖ **193** propempticon exstare videtur; quae ad poetae vitam spectant, cf. ex. gr. Choric. In Marc. p. 125, In Ros. p. 133 Boissonade ‖ **194** *ν* 39 *πέμπετέ με σπείσαντες* ‖ **195** Nonn. D. 7, 289; 8, 132; 24, 288; 25, 134; 31, 137; 33, 240 *με βιάζεται* ‖ **195–196** Nonn. D. 13, 300–303 *τόν ποτε Κυρήνη, κεμαδοσσόος Ἄρτεμις ἄλλη* (cf. Theogn. 11, Eur. H. F. 378, fortasse Aristoph. Thesm. 320) *Φοιβείῃ φιλότητι λεοντοφόνος τέκε νύμφη, ὁππότε μιν Λιβύῃ ψαμαθώδεϊ καλὸς Ἀπόλλων ἤγαγε νυμφοκόμῳ μετανάστιον ἅρπαγι δίφρῳ*, 16, 85–86; 29, 184–185; 25, 180–181, 27, 263; 37, 193; 45, 21; 46, 238. de Cyrenes fabula egerunt Pind. P. 9, 5–70, Call. Ap. 91–92, Dian. 206–208: vd. etiam Hes. fr. 215 Merkelbach-West et schol. Ap. Rh. 2, 498; 4, 1561 ‖ **196** Nonn. D. 4, 16; 33, 210 *γούνατα νύμφης* ‖ **197** *δεῦτε φίλοι* Nonn. D. 14, 434; 17, 170; 37, 552 e *N* 481, *β* 410, *ϑ* 133 | Nonn. P. 7, 35 *ἔδεθλον ἀκερσικόμων Γαλιλαίων* | D. 36, 399 *ἀρειμανέος Διονύσου* ‖ **198** ad adiectivum vd. Pfeiffer ad Call. fr. 676 et Livrea ad Ap. Rh. 4, 1753

4,1 Tryphiod. 298 *ἁγνὸν ἄγαλμα*, Nonn. D. 19, 241 *Παλλάδος ἁγνὸν ἄγαλμα* et Ap. Soph. 6, 30 *ἄγαλμα· πᾶν ἐφ' ᾧ τις ἀγάλλεται*, schol. *γ* 274, 438, Eust. 456, 22, Etym. Magn. 5, 35, Etym. Gud. 3, 4, Suda *α* 131, schol. Eur. Hipp. 631, schol. Aristoph. Vesp. 313. de carminis initio vd. I. G. 4, 1², 130, 3 = fr. mel. adesp. 18, 3 (936) Page, Ariston. fr. 1, 6 Powell, Anth. App. 3, 329, 2 Cougny, Bion fr. 11 Gow, Greg. Naz. Carm. 1, 2, 1, 61, Orph. Hymn. 9, 9, Pap. Mag. 4, 2787 Preisendanz = Hymn. in Lun. 10, 3 (LIX Heitsch²), Mus. 8, Diosc. fr. 21, 9; 25, 8 (XLII Heitsch²) | Nonn. P. 10, 77 *πανδήμιον, ᾧ ἔνι* ‖ 2 Nonn. D. 16, 78 *ἀλλὰ τεὸν θαλέει ῥόδον ἔμπεδον* ‖ 3 *ὑμνοπόλος* adiect. Nonn. D. 11, 111; 16, 307; 19, 72; 22, 12 ‖ 4 ad *τόπον* apud posteriores rhetores pervulgatum cf. ex. gr. Liban. 8, 360, 11 Foerster, Himer. Or. 12, 100; 22, 2; 46, 45; 48,

27. 406; 62, 47; 66, 50 Colonna, nec non Nonn. D. 7, 234 | Musarum simulacra, de quibus Paus. 9, 30 (vd. Frazer 5, p. 153–154), Byzantium transferri iussit Constantinus imperator, cf. Sozom. Hist. Eccl. 2, 5, Eus. Vit. Const. 3, 54, Nic. Call. Hist. Eccl. 8, 33. cf. Anonym. XXXVI recto a 14 Heitsch[2] *οὐκ Ἑλικών, οὐ Μοῦσα· βέβηκε γὰρ ἶσα θυέλλαις*, Anonym. A. Pl. 16, 70 *οἶκον Ἄναξ Ἑλικῶνος ἀνηβήσαντα νοήσας κυδαλίμοις καμάτοισιν Ἰουλιανοῦ πολιάρχου Πιερικῶν προπάροιθε δόμων παγχρύσεος ἔστη* ‖ 5 vocabulum proparoxytonum ante caesuram masculinam Nonnianae legi repugnat, vd. Viljamaa, p. 38[2] | *Ζεὺς Ξένιος* ξ 389, Hom. Epigr. 6, 8; 8, 3. 4, al., Nonn. D. 20, 176 ‖ 6 υ 195 *πολυπλάγκτους ἀνθρώπους*, Cleanth. Hymn. Iov. 26 *αὐτοὶ δ' αὖθ' ὁρμῶσιν ἄνευ νόου ἄλλος ἐπ' ἄλλα*, Nonn. D. 4, 28 *πολυπλάγκτους ὑμεναίους* | Nonn. D. 12, 158 *βροτέης ἄμπαυμα γενέθλης*, 47, 132 ‖ 7–8 τ 548 *αἰετὸς ὄρνις* | Arist. Hist. anim. 9, 34 (620 a) *ὁ δ' ἁλιάετος ὀξυωπέστατος μέν ἐστι, καὶ τὰ τέκνα ἀναγκάζει ἔτι ψιλὰ ὄντα πρὸς τὸν ἥλιον βλέπειν, καὶ τὸν μὴ βουλόμενον κόπτει καὶ στρέφει, καὶ ὁποτέρου ἂν ἔμπροσθεν οἱ ὀφθαλμοὶ δακρύσωσιν, τοῦτον ἀποκτείνει, τὸν δ' ἕτερον ἐκτρέφει*, Ael. H. A. 2, 26 *βάσανος δέ οἱ τῶν νεοττῶν τῶν γνησίων ἐκείνη ἐστίν. ἀντίους τῇ αὐγῇ τοῦ ἡλίου ἵστησιν αὐτοὺς ὑγροὺς ἔτι καὶ ἀπτῆνας· καὶ ἐὰν μὲν σκαρδαμύξῃ τις τὴν ἀκμὴν τῆς ἀκτῖνος δυσωπούμενος, ἐξεώσθη τῆς καλιᾶς, καὶ ἀπεκρίθη τῆσδε τῆς ἑστίας· ἐὰν δὲ ἀντιβλέψῃ καὶ μάλα ἀτρέπτως, ἀμείνων ἐστὶν ὑπονοίας, καὶ τοῖς γνησίοις ἐγγέγραπται, ἐπεὶ αὐτῷ πῦρ τὸ οὐράνιον ἡ τοῦ γένους ἀδέκαστός τε καὶ ἄπρατος ἀληθῶς ἐστιν ἐγγραφή*, Plin. H. N. 10, 3, 10, Lucan. 9, 902–906, Sil. It. 10, 108–111, Claud. De tert. cons. Hon. praef. 1–8 parvos non aquilis fas est educere fetus ante fidem solis iudiciumque poli. nam pater, e scisso saluit cum tegmine proles ovaque maternus rupit hiulca tepor, protinus implumes convertit ad aethera nidos et recto flammas imperat ore pati. consulit ardentes radios et luce magistra natorum vires ingeniumque probat etc., Ambros. Hex. 5, 18 | Nonn. D. 22, 215 *αἴθριον αἴγλην*, 27, 18 *Ἠελίου σελάγιζε βολαῖς ἀντίρροπος αἴγλη*, 48, 712 *χρυσάμπυκα Πειθώ*, P. 1, 12 *οὐρανίαις σελάγιζε βολαῖς γαιήοχος αἴγλη*. de aquilae natura ignea vd. J. Hubaux—M. Leroy, Le mythe du Phénix, Liège-Paris 1939, p. 132–134; M. Detienne, I giardini di Adone (ed. ital.), Torino 1975, p. 34 ‖ 9 *εὐηγενίη* semel dictum, fort. ex adiect. *εὐηγενής* (Λ 427 et Ψ 81 v. l., Hymn. Hom. Ven.

229, Theocr. 27, 43, I. G. 14, 1389 i 29) | ad *ἐπιμάρτυρον* vd. quae collegit Kost ad Mus. 1, p. 125 | *K* 247 *περίοιδε νοῆσαι* || 10 Anonym. A. P. 9, 125 *θαρσαλέοι Κελτοὶ ποταμῷ ζηλήμονι Ῥήνῳ τέκνα ταλαντεύουσι καὶ οὐ πάρος εἰσὶ τοκῆες πρὶν πάιν ἀθρήσωσι λελουμένον ὕδατι σεμνῷ. αἶψα γὰρ ἡνίκα μητρὸς ὀλισθήσας διὰ κόλπων νηπίαχος πρῶτον προχέει δάκρυ, τὸν μὲν ἀείρας αὐτὸς ἐπ' ἀσπίδι θῆκεν ἑὸν πάιν, οὐδ' ἀλεγίζει, οὔπω γὰρ γενέταο φέρει νόον, πρίν γ' ἐσαθρήσῃ κεκριμένον λουτροῖσιν ἐλεγξιγάμου ποταμοῖο· ἡ δὲ μετ' εἰλήθυιαν ἐπ' ἄλγεσιν ἄλγος ἔχουσα μήτηρ . . . ἐκδέχεται τρομέουσα,* de quo Wifstrand, p. 163 – 164, Iulian. Or. 2, 81 d (p. 156, 24 – 29 Bidez), Liban. Or. 12, 48 (2, p. 26, 9 – 12 Foerster), Comm. in Arist. Gr. 18, 1, p. 125, 20 – 126, 3 Bussem. Claudian. In Ruf. 2, 112, Nonn. D. 23, 94 – 96 *Ῥῆνος Ἴβηρ βρεφέεσσι κορύσσεται, ἀλλὰ δικάζων, καὶ κρυφίην ὠδῖνα διαστίζων τοκετοῖο κτείνει ξεῖνα γένεθλα,* 46, 54 – 57 *βάρβαρα θεσμὰ φέρουσαν ἐπολβίζω χθόνα Κελτῶν, ἧχι νέων βρεφέων καθαρὴν ὠδῖνα διδάσκων Ῥῆνος ἀσημάντοιο θεμιστοπόλος τοκετοῖο αἵματος ἀγνώστοιο νόθον γένος οἶδεν ἐλέγξαι.* vd. etiam Greg. Naz. Carm. 2, 2, 4, 143 *Κελτοὶ μὲν κρίνουσι γόνον Ῥήνοιο ῥεέθροις* (et Knecht, p. 108), Georg. Pis. Exp. Pers. 1, 41 *γενοῦ δικαστὴς Κελτικοῦ Ῥήνου πλέον* (et Pertusi, p. 140); Handwörterbuch der deutschen Volkskunde 1, 2, 1027; W. Cave Wright, The Works of the Emperor Julian III, London 1923, p. 210 – 211; Al. Cameron, Claudian, Oxford 1970, p. 314. 492 || 12 *β* 227 *πάντα φυλάσσειν, τ* 525 *πάντα φυλάσσω* || 13 Nonn. D. 1, 516 *Ζηνὶ γιγαντοφόνῳ,* et iam Eur. H. F. 1193 | Nonn. D. 21, 84; 36, 256 *κυβερνήτειρα χορείης* || 14 Nonn. D. 37, 344 *πόντιον αὐτὸν ἄνακτα* || 16 Nonn. D. 17, 18 *Ἀσίδος ἐν πολίεσσι,* 41, 89 *πόλις . . . Ἀχαιιάς* | *B* 857 *ἐστὶ γενέθλη, T* 111 *εἰσὶ γενέθλης,* cf. *δ* 232, *ν* 130 || 18 Pind. P. 2, 70 – 71 *ἑπτακτύπου φόρμιγγος,* Honest. A. P. 9, 250, 6 *ἑπταμίτῳ κιθάρῃ,* Nonn. D. 7, 51 *ἑπτατόνου φόρμιγγος,* 38, 293 *ἑπτατόνους ἀκτῖνας* || 19 *η* 320, *κ* 66, Nonn. D. 42, 365 *πατρίδα σήν* | cf. ex. gr. Christod. A. P. 2, 84, 390, Aphth. 2, p. 37 Spengel, Men. Rh. 3, p. 362, 18 – 20 Spengel || 20 Men. Rh. 3, p. 369, 21 – 26 Spengel *κἂν μὲν ἔνδοξος ἡ πατρὶς τυγχάνῃ, προσθήσεις τὸν περὶ ταύτης λόγον . . . οὐκ ἐνδιατρίβων μὲν εἰς τὸ τοιοῦτον οὐδὲ προχέων ἐνταῦθα πολλοὺς τοὺς λόγους· οὐ γὰρ ἴδιον τοῦτο μόνου τοῦ βασιλέως τὸ ἐγκώμιον, ἀλλὰ κοινὸν πρὸς πάντας τοὺς οἰκοῦντας τὴν πόλιν* et Choric. in Marc. p. 80 Boissonade | Christod. A. P. 2, 390 *εἵπετο φωνήεντι Πλατωνίδος ἦθεϊ Μούσης*, Nonn. P. 5, 159 *γράμματα φωνήεντα*, 12, 189 *χεύματα φωνῆς* | Nonn. D. 31, 66 *ἀνυμνήσωσιν Ἀθῆναι*, 47, 379 *τεὰς δ' οὐκ εἶδον Ἀθήνας* || **21** Hymn. Mag. 2, 2, 15 Abel (de Apolline) *αἰγλήεις, ἀκάκητα, παλαιγενές, ἀστυφέλικτε*, et Call. fr. 7, 23 (ubi vd. Pfeiffer), Ap. Rh. 4, 1716. 1730 | Nonn. D. 13, 82 *μάντις Ἀπόλλων* (~ Aesch. Ag. 1275 al.) || **22** Hymn. Hom. Ap. 131 *εἴη μοι κίθαρίς τε φίλη καὶ καμπύλα τόξα*, Merc. 515 *μή μοι ἅμα κλέψῃς κίθαριν καὶ καμπύλα τόξα* | Eur. Med. 1213 *ἔρνεσιν δάφνης* || **23** vd. ad 1 v 17 || **24** Mnas. A. P. 7, 194, 4 = 11, 4 Seelbach *μολπᾶς . . . εὐκελάδου*, Nonn. D. 42, 179 *μολπῆς τ' εὐκελάδοιο* | Nonn. D. 2, 334 *φέρω πόθον*, 11, 139; 38, 171 *φέρων πόθον* | Nonn. D. 4, 296 *ἡγήτορα πομπῆς* || **25** Nonn. D. 25, 260 *ἀλλὰ λιγαίνειν*, Coll. 122 – 123 *λιγαίνων δειμαίνων* || **26** Paul. Sil. S. Soph. 205 *μή τις ἐμὴν σειρῆνα βάλοι νεμεσήμονι μύθῳ* || **27** *ἀνυμνέω* Nonn. D. 24, 328; 31, 66 || **28** Nonn. D. 37, 584 *τηλίκον αὐχήεντα βοώμενον*, λ 327 *χρυσὸν . . . ἀνδρὸς . . . τιμήεντα* | *ἦ τάχα κέν μιν* cf. Δ 229, Ι 702, β 229, ω 134 || **29** Aphth. 2, p. 24, 21 – 26 Spengel *σύγκρισίς ἐστι λόγος ἀντεξεταστικὸς ἐκ παραθέσεως συνάγων τῷ παραβαλλομένῳ τὸ μεῖζον ἢ τὸ ἴσον. δεῖ δὲ συγκρίνοντας ἢ καλὰ παραθεῖναι χρηστοῖς ἢ φαῦλα φαύλοις ἢ χρηστὰ πονηροῖς ἢ μικρὰ παραθεῖναι τοῖς μείζοσι, καὶ ὅλως ἡ σύγκρισις διπλοῦν ἐγκώμιον*, et cf. Anonym. XXXVI recto b 18 – 19 Heitsch² (et verso a 13 – 14. 18. 20), Prisc. Laud. Anast. 45 – 50. 80 – 86, A. P. 9, 210, 11 – 12. 656, Cyr. A. P. 15, 9, Diosc. 2, 19 – 22; 3, 48; 5, 23 – 24; 21, 20 – 23; 6, 11 – 12; 7, 14. 16; 21, 14; 22, 19, P. Arg. 1 recto 7 – 10 etc. | *ἠγάθεος* de homine Christod. A. P. 2, 404 || **30** *εὐκάματος* hic 'laboriosus, strenuus' ut Paul. Sil. S. Soph. 270 *εὐκαμάτων βασιλήων*, 343 *εὐκαμάτοις χείρεσσι*, Christod. A. P. 2, 398 *πρόμος εὐκαμάτων Πομπήιος Αὐσονιήων* || **32** Nonn. D. 37, 588 – 589 *Αἰακός, ἐσσομένην ἀρετὴν τεκέεσσι φυλάσσων, ἀκαμάτῳ Πηλῆι καὶ εὐρυβίῃ Τελαμῶνι* | Nonn. D. 10, 209; 16, 170 *αἷμα κομίζεις*, et 27, 49; 8, 315; 22, 392; 13, 54. 228, [Orph.] Arg. 254 al.: vd. Kost, p. 180 || **33** Nonn. D. 27, 112 – 113 *τὸν καλέουσιν Ἐρεχθέα· καὶ γὰρ ἐκείνου αἷμα φέρει περίπυστον Ἐρεχθέος* || **35** Nonn. D. 26, 34 *αἷμα φέρεις* || **36** Mus. 153 *ἀπ' Ἀρκαδίης*, et vd. quae collegit Kost ad loc. | Nonn. D. 5, 473; 42, 293 *εἰς σὲ βοήσω* || **39** Ap. Rh. 1, 810 *σκοτίη δ' ἀνέτελλε γενέθλη* || **40** cf. Prisc. Laud. Anast. 14, 25 – 26 et vd. L. J. Swift, GRBS 7, 1966, p. 271 || **41** ad iterationem vd. quae collegit Kost, p. 178 || **42** Claud. Laud. Stil.

1, 34–35 in te mixta fluunt, et quae divisa beatos efficiunt, collecta tenes ‖ **43** Nonn. P. 8, 11 *κλέος . . . ἀέξω*, 152 *ἐμὸν κλέος αἰὲν ἀέξων*, Ap. Rh. 1, 206 *κῦδος ἀέξων* ‖ **44** sqq. Dion. Hal. A. R. 1, 11 *Φορωνέως μὲν γὰρ Νιόβη γίνεται· ταύτης δὲ υἱὸς καὶ Διός, ὡς λέγεται, Πελασγός· Αἰζειοῦ δὲ υἱὸς Λυκάων· τούτου δὲ Δηιάνειρα θυγάτηρ· ἐκ δὲ Δηιανείρας καὶ Πελασγοῦ Λυκάων ἕτερος*, et 13 *φέρε δὴ καὶ τὸ γένος ὅθεν ἦν τὸ τῶν Οἰνώτρων ἀποδείξωμεν, ἕτερον ἄνδρα τῶν ἀρχαίων συγγραφέων παρασχόμενοι μάρτυρα, Φερεκύδην τὸν Ἀθηναῖον, γενεαλόγων οὐδενὸς δεύτερον. πεποίηται γὰρ αὐτῷ περὶ τῶν ἐν Ἀρκαδίᾳ βασιλευσάντων ὅδε ὁ λόγος* (3 fr. 156 Jacoby) · *Πελασγοῦ καὶ Δηιανείρης γίνεται Λυκάων· οὗτος γαμεῖ Κυλλήνην . . . ἀφ' ἧς τὸ ὄρος ἡ Κυλλήνη καλεῖται* | *Z* 150 al., Nonn. D. 42, 403 al. *εἰ δ' ἐθέλεις* | Nonn. D. 17, 281; 19, 311 *τεῆς βλάστημα γενέθλης* ‖ **45** de hoc Azeio Terrae filio vd. F. Vian, La guerre des Géants, Paris 1952, p. 241; nomen deest ap. Waser, s. v. Giganten, R. E. Suppl. 3 (1918), 740, fortasse quod non de Gigante, sed de Titano agatur | Nonn. D. 7, 368 *υἱέα κυσαμένη* ‖ **46** Titanomachia respici videtur | Q. S. 10, 55 *μέγαν . . . κυδοιμόν* | *συνηβάω* epice Opp. Hal. 5, 471 ‖ **47** Dion. Hal. A. R. 1, 12 *ἐπὶ μὲν Αἰζειοῦ βασιλεύοντος Αἰζειοὶ ἐλέγοντο, Λυκάονος δὲ παραλαβόντος τὴν ἀρχήν, ἀπ' ἐκείνου αὖθις Λυκάονες ὠνομάσθησαν· Οἰνώτρου δὲ κομίσαντος αὐτοὺς εἰς Ἰταλίαν, Οἴνωτροι χρόνον τινὰ ἐκλήθησαν. μαρτυρεῖ δὲ . . . Σοφοκλῆς . . . ἐν Τριπτολέμῳ* (fr. 598 Pearson). Azeius fortasse inducitur, ut Theagenis Italici quoque cognati inducantur | proirem Lycaonem Terrae filium respicit Paus. 8, 1, 4: vd. Vian, La guerre des Géants, p. 240 sqq. ‖ **48** Nonn. D. 16, 69 *εὐώπιδα κούρην* ex *ζ* 113. 142 etc.; cf. etiam Soph. Tr. 523 ‖ **50** Hymn. Hom. Ven. 161 *οἱ δ' ἐπεὶ οὖν λεχέων εὐποιήτων ἐπέβησαν* ‖ **51** ad Iovem *Ἐλευθέριον* cf. Pind. O. 12, 1, Simon. A. P. 6, 50, 4, Lyr. adesp. fr. 978 c Page, Epigr. 978, 2 Kaibel, [Eur.] Rh. 358–359, Harpocr. 70, 16. Athenis *Διὸς Ἐλευθερίου* simulacrum in foro colebatur | *N* 449 *Ζηνὸς γόνος*, Hymn. Hom. 19, 1 *φίλον γόνον* | Nonn. D. 26, 360; 32, 65; 48, 555. 730 *ἧς ἀπὸ λέκτρων* ‖ **52** Lycaona quinquaginta filios habuisse tradebant, vd. G. Piccaluga, Lycaon, un tema mitico, Roma 1969, p. 34 ‖ **53** ad adiect. vd. Bühler ad Mosch. Eur. 29, p. 74[1–2] ‖ **54** *ἠύτοκος* semel dictum ‖ **55** de Buno vd. Eumel. fr. 2 Kinkel, Paus. 2, 3, 10, Theop. 115 fr. 356 Jacoby, schol. Pind. O. 13, 74, Tzetz. ad Lyc. 174 ‖ **56–57** Linus est filius Psamathes quam pater Crotopus rex Argivus iratus ob stupratam ab Apolline filiam necari iussit, vd. Call. fr. 26–31 Pfeiffer, Con. 19, Paus. 1, 43, 7; 2, 19, 7, Anonym. A. P. 7, 154, Ovid. Ib. 571–572, Stat. Theb. 1, 570. de positione vocis *Ψαμάθης* cf. A. P. 7, 154, 2 *ἵδρυμαι Ψαμάθης*, Ovid. Ib. 571 utque patrem Psamathes | *δ* 765 al. *φίλον υἷα*, *Π* 595 *Χάλκωνος φίλον υἱόν, ὃς Ἑλλάδι οἰκία ναίων* | Epigr. 896, 2 Kaibel *πεποθημένον πατρίδι κῦδος* et vd. Al. Cameron, Porphyrius the Charioteer, Oxford 1973, p. 217–218 | Nonn. D. 13, 254 *Ἑλλάδι γαίῃ*

INDEX VERBORVM

Hoc indice comprehenduntur non solum verba in textum recepta, sed omnia quae a viris doctis coniecta in apparatu critico laudantur (= c.)

INDEX VERBORVM

BIBLIOTHECA TEVBNERIANA

Anonyma de musica scripta Bellermanniana

Herausgegeben von Dr. D. Najock
XXVI, 38 Seiten. In Leinen 25,— M
Bestell-Nr. 665 691 0 — Najock, De musica gr.

Aristides Quintilianus. De musica libri III

Herausgegeben von Prof. Dr. R. P. Winnington-Ingram
XXIX, 198 Seiten. In Leinen 26,60 M
Bestell-Nr. 665 317 0 — Winnington, Aristid. gr.

Bacchylides. Carmina cum fragmentis

Herausgegeben von Prof. Dr. B. Snell und Dr. habil. H. Maehler
10., verbesserte und erweiterte Auflage.
LXIII, 172 Seiten. In Leinen 29,— M
Bestell-Nr. 665 539 5 — Maehler, Bacchylides gr.

Dorotheus Sidonius. Carmen astrologicum

Herausgegeben von Prof. Dr. D. Pingree
XX, 444 Seiten. In Leinen 97,— M
Bestell-Nr. 665 760 0 — Pingree, Dorotheus gr.

BSB B. G. TEUBNER VERLAGSGESELLSCHAFT

B I B L I O T H E C A   T E V B N E R I A N A

Menander. Sententiae. Comparatio Menandri et Philistionis

Herausgegeben von Dr. S. Jäkel
XXXV, 230 Seiten. In Leinen 22,50 M
Bestell-Nr. 6653517 — Jäkel, Menand. Sent. gr.

Olympiodorus. In Platonis Gorgiam commentaria

Herausgegeben von Prof. Dr. L. G. Westerink
XXI, 313 Seiten. In Leinen 30,— M
Bestell-Nr. 6655133 — Westerink, Olymp. gr.

Flavius Philostratus. Heroicus

Herausgegeben von Dr. L. De Lannoy
XXXII, 131 Seiten. In Leinen 38,— M
Bestell-Nr. 6658123 — De Lannoy, Heroicus gr.

Porphyrius. Sententiae ad intelligibilia ducentes

Herausgegeben von Dr. E. Lamberz
LXXVIII, 89 Seiten und 8 Tafeln im Anhang. In Leinen 36,— M
Bestell-Nr. 6656523 — Lamberz, Porph. Sent. gr.

BSB B. G. TEUBNER VERLAGSGESELLSCHAFT

www.ingramcontent.com/pod-product-compliance
Lightning Source LLC
Chambersburg PA
CBHW070546310726
48982CB00004B/851

* 9 7 8 3 1 1 0 5 8 5 6 6 7 *